Cucina Italiana 2023

De Authentieke Italiaanse Keuken

Giuseppe Bianchetti

INHOUD

Garnalen En Rijst Salade 9

Salade van Garnalen, Sinaasappel en Ansjovis 11

Salade van sardine en rucola 13

Gegrilde Jacobsschelp Salade 16

Venetiaanse krabsalade 18

Salade van rucola en tomateninktvis 20

kreeft salade 23

Toscaanse tonijnsalade met bonen 26

Couscous Tonijnsalade 28

Tonijnsalade Met Bonen En Rucola 30

Tonijnsalade op vrijdagavond 33

Gorgonzola en hazelnootsaus 36

Citroen Roomsaus 37

Sinaasappel-honingsaus 38

Vlees water 39

kippen bouillon 41

Antonietta's Bonensoep 43

Pasta en Bonen 46

Romige Bonensoep 48

Friulische Soep van Gerst en Bonen 50

Bonen-champignonsoep ... 52

Milanese Pasta en Bonen ... 54

Linzen-venkelsoep ... 58

Spinazie, Linzen en Rijstsoep ... 60

Linzensoep en Groentesoep ... 62

Pure Linzensoep Met Croutons ... 64

Kikkererwtensoep uit Puglia ... 66

Kikkererwten en Pastasoep ... 68

Ligurische soep van kikkererwten en eekhoorntjesbrood ... 71

Toscaans brood en groentesoep ... 74

Winterpompoensoep ... 78

Soep "gekookt water". ... 80

Pompoen Pesto Soep ... 82

Prei, Tomaat en Broodsoep ... 85

Pompoen- en Tomatensoep ... 87

Pompoen- en Aardappelsoep ... 89

Romige Venkelsoep ... 91

Champignonsoep en Aardappelsoep ... 93

romige bloemkoolsoep ... 95

Siciliaanse Tomatengerstsoep ... 97

Rode Paprika Soep ... 99

Fontina, Brood en Koolsoep ... 101

crème van champignonsoep 103

Groentesoep Met Pesto 105

Eiersoep van Pavia 107

Romeinse eierdruppelsoep 110

Vlezige Ei Pannenkoeken 111

Taart met griesmeel in bouillon 112

wafel koekjes 116

zoete ravioli 119

"Lelijke maar goede" koekjes 122

Dubbele Chocolade Hazelnoot Biscotti 124

chocolade kusjes 127

Chocolade zonder oven "Salame" 130

prato koekje 132

Umbrische Fruit en Noten Biscotti 135

Boter Ringen 138

citroen knopen 140

pittige koekjes 143

wafel koekjes 145

zoete ravioli 148

"Lelijke maar goede" koekjes 151

Knelpunten 153

Dubbele Chocolade Hazelnoot Biscotti 155

chocolade kusjes 158

Chocolade zonder oven "Salame" 161

prato koekje 163

Umbrische Fruit en Noten Biscotti 166

Citroen-hazelnootkoekje 169

walnoot koekjes 171

bitterkoekjes 173

Pijnboom Pistache Macarons 176

Hazelnoot Repen 178

Walnoot Boter Koekjes 180

Regenboog koekjes 182

Vijgenkoekjes voor Kerstmis 186

amandelschilfers 190

Siciliaanse hazelnootbroodjes 192

Spons 195

Citrus Biscuit 197

Citroen Olijfolie Taart 200

marmeren taart 202

Rum taart 205

oma's taart 208

Abrikozen Amandelcake 212

Zomerse fruittaart 215

Herfst Fruittaart 217

Polenta en Perencake 219

VIS SALADE

Garnalen En Rijst Salade

Insalata di Riso met Gamberi

Maakt 4 porties

Fiumicino, buiten Rome, is vooral bekend als de locatie van een van de grootste luchthavens van Italië en is vernoemd naar kunstenaar Leonardo Da Vinci. Maar Fiumicino is ook een haven waar de Romeinen in de zomer graag heen gaan om te genieten van de koele bries en te dineren in een van de geweldige visrestaurants aan zee. We zaten op het terras onder een grote witte parasol en keken naar de zee bij Bastianelli al Molo. Ik had een meergangenmaaltijd met deze eenvoudige garnalen- en rijstsalade.

Gekookte langkorrelige rijst hardt uit in de koelkast, dus maak deze salade kort voordat je hem gaat serveren.

2 kopjes langkorrelige rijst

een/3 kopjes extra vierge olijfolie

3 eetlepels vers citroensap

1 pond middelgrote garnalen, schaal en ader

1 bosje rucola

2 middelgrote tomaten, in plakjes gesneden

een. Kook 4 kopjes water in een grote pan. Voeg rijst en 1 theelepel zout toe. Meng het goed. Zet het vuur lager, dek de pan af en kook 16 tot 18 minuten, tot de rijst gaar is. Giet de rijst in een grote serveerschaal.

2.Klop in een kleine kom de olie, citroensap, zout en peper naar smaak door elkaar. Roer de helft van de dressing door de rijst en laat afkoelen.

3.Snijd de harde stelen van de rucola af en gooi vergeelde of rotte bladeren weg. Was de rucola meerdere keren in koud water. Droog zeer goed. Snijd de rucola in hapklare stukjes.

4.Kook 2 liter water in een middelgrote pan. Garnalen en zout naar smaak toevoegen. Breng aan de kook en kook tot de garnalen roze worden en kook ongeveer 2 minuten. Zeef en koel af onder stromend water.

5.Snijd de garnalen in hapklare stukjes. Meng de garnalen en rucola door de rijst. Voeg de rest van de dressing toe en meng goed. Proef en pas op smaak. Garneer met tomaten. Serveer nu.

Salade van Garnalen, Sinaasappel en Ansjovis

Insalata di Gamberi, Arancia, en Acciughe

Maakt 4 porties

Een van mijn favoriete Venetiaanse restaurants is La Corte Sconta, de "verborgen binnenplaats". Ondanks zijn naam is het niet zo moeilijk te vinden, want het is een zeer populaire trattoria die een vast menu biedt met alle visgerechten. Deze salade met Dijon-mosterd is geïnspireerd op een salade die ik daar heb gegeten.

1 kleine rode ui, dun gesneden

2 theelepels Dijon-mosterd

1 teentje knoflook, licht geplet

4 theelepels vers citroensap

een/4 kopjes extra vierge olijfolie

1 theelepel gehakte verse rozemarijn

Zout en versgemalen zwarte peper

24 grote garnalen, gepeld en geaderd

4 navelsinaasappelen, geschild, witte kern verwijderd en in plakjes gesneden

1 blikje ansjovisfilets, uitgelekt

een. Plaats de ui in een middelgrote kom met net genoeg koud water om het te bedekken. Wacht 10 minuten. Giet de ui af en bedek opnieuw met zeer koud water en laat nog 10 minuten staan. (Hierdoor wordt de uiensmaak minder scherp.) Droog de ui.

2.Klop in een grote kom de mosterd, knoflook, citroensap, olie en rozemarijn naar smaak samen met zout en versgemalen zwarte peper.

3.Kook water in een middelgrote pan op middelhoog vuur. Garnalen en zout naar smaak toevoegen. Kook tot de garnalen roze worden en kook ongeveer 2 minuten, afhankelijk van hun grootte. Zeef en koel af onder stromend water.

4.Voeg de garnalen toe aan de kom met de saus en meng goed. Schik waterkers op serveerschalen. Garneer met stukjes sinaasappel. Giet de garnalen en saus over de sinaasappels. Verdeel de uienringen erover. Serveer nu.

Salade van sardine en rucola

Insalata con le Sarde

Maakt 2 porties

Deze salade is gebaseerd op een salade die ik in Rome heb geproefd, geserveerd op een dikke snee toast en geserveerd als bruschetta. Hoewel ik dol ben op de combinatie, was het moeilijk om te eten. Ik geef er de voorkeur aan om het brood te begeleiden. Sardines uit blik in olijfolie hebben een heerlijke rokerige smaak die zoveel toevoegt aan deze eenvoudige salade.

1 grote bos rucola

2 eetlepels olijfolie

1 eetlepel vers citroensap

Zout en versgemalen zwarte peper

een/2 kopjes zwarte gepekelde olijven, ontpit en in 2 of 3 stukken gesneden

1 blikje sardines in olijfolie

2 groene uien, in dunne plakjes gesneden

4 sneetjes Italiaans brood, geroosterd

een. Snijd de harde stelen van de rucola af en gooi vergeelde of rotte bladeren weg. Was de rucola meerdere keren in koud water. Droog zeer goed. Snijd de rucola in hapklare stukjes.

2.Klop in een grote kom de olie, citroensap, zout en peper naar smaak door elkaar. Voeg de rucola, olijven, sardines en groene uien toe en meng goed. Proef en pas op smaak.

3.Serveer direct met geroosterd brood.

Gegrilde Jacobsschelp Salade

Insalata di Capesante alla Griglia

Maakt 3 tot 4 porties.

Grote, dikke sint-jakobsschelpen worden heerlijk gegrild en geserveerd op een bedje van zachte groene sla en tomaten. De sint-jakobsschelpen kunnen op de buitengrill worden gekookt, maar ik maak deze salade het hele jaar door, dus ik kook de sint-jakobsschelpen het vaakst op de grillpan. Deze salade is geïnspireerd op een salade die ik vaak eet bij I Trulli Restaurant en Enoteca in New York.

olijfolie

1 pond grote sint-jakobsschelpen, afgespoeld

2 eetlepels vers citroensap

Zout en versgemalen zwarte peper

2 eetlepels gehakte verse basilicum

1 eetlepel gehakte verse munt

2 grote rijpe tomaten, in hapklare stukjes gesneden

6 kopjes zachte groene salade, in hapklare stukjes gesneden

een. Verhit een grillpan op middelhoog vuur tot een druppel water sist als het naar de oppervlakte valt. Bestrijk de pan lichtjes met olie.

2.Droog de sint-jakobsschelpen en leg ze op de grillplaat. Bak tot de sint-jakobsschelpen lichtbruin zijn, ongeveer 2 minuten. Draai de sint-jakobsschelpen om en bak nog 1 tot 2 minuten, tot ze goudbruin en licht doorschijnend zijn in het midden.

3.Klop in een grote kom het citroensap met 3 eetlepels olie. Voeg de sint-jakobsschelpen toe en schep goed om. Laat 5 minuten staan, een of twee keer roeren.

4.Voeg de kruiden en tomaten toe aan de sint-jakobsschelpen en meng voorzichtig.

5.Schik de sla op serveerschalen. Werk af met de sint-jakobsschelpmix en serveer direct.

Venetiaanse krabsalade

Insalata di Granseola

Maakt 6 porties

Venetië heeft veel wijnbars, bacari genaamd, waar mensen samenkomen om vrienden te ontmoeten en een glas wijn en kleine bordjes eten te proeven. Gemaakt van grote krabben genaamd granseole, wordt deze delicate salade vaak geserveerd als topping voor crostini. In meer formele restaurants vind je het elegant geserveerd in radicchio-containers. Het zou een mooi begin zijn van een zomerse maaltijd.

2 eetlepels gehakte verse bladpeterselie

een/4 kopjes extra vierge olijfolie

2 eetlepels vers citroensap

Zout en versgemalen zwarte peper naar smaak

1 pond vers krabvlees, geplukt

radicchio bladeren

een. Klop in een middelgrote kom de peterselie, olie, citroensap, zout en peper naar smaak door elkaar. Voeg krabvlees toe en meng goed. Smaak voor specerijen.

2.Schik radicchioblaadjes op serveerschalen. Verdeel de salade over de bladeren. Serveer nu.

Salade van rucola en tomateninktvis

Insalata van inktvis

Maakt 6 porties

De diagonale sneden in het oppervlak van de inktvis (inktvis) zorgen ervoor dat de stukken tijdens het koken strak omkrullen. Dit maakt de inktvis niet alleen mals, maar ook erg aantrekkelijk.

Zorg voor een goede marineertijd voor de beste smaak. Je kunt de inktvis tot drie uur van tevoren bereiden.

1 1/2 pond schoongemaakte inktvis (inktvis)

2 teentjes knoflook, fijngehakt

2 eetlepels gehakte verse bladpeterselie

5 eetlepels olijfolie

2 eetlepels vers citroensap

Zout en versgemalen zwarte peper

1 grote bos rucola

1 eetlepel balsamicoazijn

1 kopje cherry- of druiventomaten, gehalveerd

een. Snijd de inktvis in de lengte door en rol ze plat. Maak met een scherp mes een omtrek van de stengels en maak diagonale lijnen ongeveer 1/4 inch uit elkaar. Draai het mes en maak diagonale lijnen in de tegenovergestelde richting, waardoor een diagonaal patroon ontstaat. Snijd elke inktvis in vierkanten van 2 inch. Verdeel de basis van elke tentakelgroep doormidden. Was en laat de stukken uitlekken en doe ze in een kom.

2.Voeg knoflook, peterselie, 2 eetlepels olijfolie, citroensap, zout en peper toe en meng goed. Dek af en marineer tot 3 uur voor het koken.

3.Breng de inktvis over en marineer in een grote koekenpan. Kook op middelhoog vuur, onder regelmatig roeren, tot de inktvis ondoorzichtig is, ongeveer 5 minuten.

4.Snijd de harde stelen van de rucola af en gooi vergeelde of rotte bladeren weg. Was de rucola meerdere keren in koud water. Droog zeer goed. Snijd de rucola in hapklare stukjes. Schik de rucola op een bord.

5.Meng in een kleine kom de resterende 3 eetlepels olie en azijn, zout en peper naar smaak. Giet over de rucola en meng goed.

Lepel de calamares over de rucola. Verdeel de tomaten erover en serveer direct.

kreeft salade

Insalata di Aragosta

Maakt 4 tot 6 porties

Sardinië staat bekend om zijn schelpdieren, vooral de langoest die bekend staat als stik, en zoete garnalen. Mijn man en ik aten deze frisse salade in een kleine trattoria aan zee in Alghero, kijkend naar de vissers die hun netten herstelden voor de volgende dag. Eentje zat blootsvoets op de pier. Hij greep het ene uiteinde van het net met zijn vingers vast en hield beide handen gespannen, vrij om te naaien.

Deze salade kan een volledige maaltijd zijn of een voorgerecht. Een fles gekoelde Geranium vernaccia zou de perfecte aanvulling zijn.

Sommige vismarkten besparen je een stapje hoger door de kreeften voor je te stomen.

4 kreeften (ongeveer 1 1/4 pond per stuk)

1 middelgrote rode ui, gehalveerd en in dunne plakjes gesneden

6 basilicumblaadjes

4 fijngehakte selderijribben

Ongeveer 1/2 kopje extra vierge olijfolie

2 tot 3 eetlepels vers citroensap

Zout en versgemalen zwarte peper

Koolbladeren

8 dunne sneetjes knapperig Italiaans brood

1 teentje knoflook

3 grote rijpe tomaten, in plakjes gesneden

een. Plaats een rek of stoommandje op de bodem van een pan die groot genoeg is voor alle vier de kreeften. (Een container van 8 of 10 liter zou moeten werken.) Voeg voldoende water toe tot net onder het rek. Breng het water aan de kook. Voeg de kreeften toe en dek de pan af. Als het water begint te koken en er stoom uit de pan komt, kook de kreeften dan 10 minuten of langer, afhankelijk van hun grootte. Leg de kreeften op een bord en laat afkoelen.

2.Doe de ui in een kleine kom en bedek met ijswater. Wacht 15 minuten. Ververs het water en laat het nog 15 minuten staan. Leeg en droog.

3. Haal ondertussen het kreeftenvlees uit de schelpen. Snijd de kreeftenstaarten af. Verwijder de dunne korst die het staartvlees bedekt met een gevogelteschaar. Sla met de stompe kant van het mes tegen de klauwen om ze te kraken. Breek de klauwen open. Verwijder het vlees met je vingers. Snijd het vlees in dunne plakjes en doe ze in een grote kom.

4. Stapel de basilicumblaadjes op elkaar en snijd ze diagonaal in dunne reepjes. Voeg de basilicum, selderij en ui toe aan de kreeftkom. Besprenkel met 1/4 kopje olie en citroensap en bestrooi met zout en peper naar smaak. Gooi het goed. Schik het kreeftenmengsel op vier borden bekleed met slablaadjes.

5. Toast het brood en wrijf het daarna in met een teentje knoflook. Besprenkel toast met de resterende olie en bestrooi met zout. Garneer het bord met toast en plakjes tomaat. Serveer nu.

Toscaanse tonijnsalade met bonen

Insalata di Tonno alla Toscana

Maakt 6 porties

Toscaanse koks staan bekend om hun vermogen om bonen precies te koken. Zacht, romig en vol van smaak maken bonen van een gewone maaltijd iets bijzonders, zoals deze klassieke salade. Als je het kunt vinden, koop dan ingeblikte ventresca di tonno, tonijnbuik in goede olijfolie. De buik wordt beschouwd als het beste deel van de tonijn. Duurder met een vlezige textuur, maar vol van smaak.

3 eetlepels extra vergine olijfolie

1 tot 2 eetlepels vers citroensap

Zout en versgemalen zwarte peper

3 kopjes gekookte of ingeblikte cannellinibonen, uitgelekt

2 fijngehakte selderijribben

1 kleine rode ui, heel dun gesneden

2 (7 ounce) blikken Italiaanse tonijn verpakt in olijfolie

2 of 3 witlof, gesnoeid en gespietst

een. Klop in een middelgrote kom olie, citroensap en zout naar smaak samen met royaal gemalen peper.

2.Voeg bonen, selderij, uien en tonijn toe. Meng het goed.

3.Schik de witlofspertjes op een bord. Werk af met salade. Serveer nu.

Couscous Tonijnsalade

Insalata di Tonno en zijn Cuscu

Maakt 4 porties

Couscous wordt in veel Italiaanse regio's gegeten, waaronder de regio's Sicilië en Toscane. Elk jaar organiseert de Siciliaanse stad San Vito lo Capo een couscousfestival dat honderdduizenden bezoekers van over de hele wereld trekt. Traditioneel wordt couscous gekookt met een verscheidenheid aan zeevruchten, vlees of groenten en warm geserveerd. Deze snelle salade met tonijn en couscous is een stevige, moderne maaltijd.

1 kopje snelkokende couscous

Zout

2 eetlepels gehakte verse basilicum

3 eetlepels olijfolie

2 eetlepels citroensap

Vers gemalen zwarte peper

1 (7 ounce) blikje Italiaanse tonijn verpakt in olijfolie

2 malse selderijribben, in stukjes gesneden

1 tomaat, in stukjes

1 kleine komkommer, geschild, klokhuis verwijderd en in stukjes gesneden

een. Kook de couscous met zout volgens de aanwijzingen op de verpakking.

2.Klop in een kleine kom de basilicum, olie, citroensap, zout en peper naar smaak. Roer de hete couscous erdoor. Meng het goed. Proef en pas op smaak. Giet de tonijn af en doe deze in de kom met de bleekselderij, tomaten en komkommers.

3.Meng het goed. Proef en pas op smaak. Serveer op kamertemperatuur of laat even afkoelen in de koelkast.

Tonijnsalade Met Bonen En Rucola

Insalata di Tonno, Fagioli, en Rucola

Maakt 2 tot 4 porties

Ik denk dat ik een heel boek zou kunnen schrijven over mijn favoriete tonijnsalades. Dit is iets wat ik vaak doe voor een snelle lunch of diner.

1 grote bos rucola of waterkers

2 kopjes gekookte of ingeblikte cannellini- of cranberrybonen, uitgelekt

1 (7 ounce) blikje Italiaanse tonijn verpakt in olijfolie

een/4 kopjes gehakte rode ui

2 eetlepels kappertjes, afgespoeld en uitgelekt

1 eetlepel vers citroensap

Zout en versgemalen zwarte peper

Citroenschijfjes om te garneren

een. Snijd de harde stelen van rucola of waterkers af en gooi vergeelde of rotte bladeren weg. Was de rucola meerdere keren in koud water. Droog zeer goed. Snijd de greens in hapklare stukjes.

2. Meng in een grote slakom bonen, tonijn en olie, rode ui, kappertjes en citroensap. Gooi het goed.

3. Meng de greens en garneer met schijfjes citroen en serveer.

Tonijnsalade op vrijdagavond

Insalata di Venerdi-kas

Maakt 4 porties

Ooit waren vrijdagen vleesvrije dagen in katholieke huizen. Het avondeten bij ons thuis bestond meestal uit macaroni met bonen en deze makkelijke salade.

1 (7 ounce) blikje Italiaanse tonijn verpakt in olijfolie

2 ribben bleekselderij, bijgesneden en in plakjes

2 middelgrote tomaten, in hapklare stukjes gesneden

2 hardgekookte eieren, gepeld en in vieren gedeeld

3 of 4 plakjes rode ui, dun gesneden en in vieren gesneden

Een snufje gedroogde tijm

2 eetlepels extra vergine olijfolie

een/2 middelgrote sla, gespoeld en gedroogd

schijfjes citroen

een. Neem de tonijn met zijn olie in een grote kom. Snijd de tonijn in stukjes met een vork.

2.Voeg de bleekselderij, tomaten, eieren en uien toe aan de tonijn. Besprenkel met tijm en olijfolie en meng lichtjes.

3.Schik de slablaadjes op een bord. Maak het af met een tonijnsalade. Garneer met partjes citroen en serveer direct.

JURKEN

Gorgonzola en hazelnootsaus

Salsa di Gorgonzola en Nocciole

Maakt ongeveer 2/3 kopjes

Ik heb deze saus in Piemonte gegeten, waar hij wordt geserveerd op cichoreiblaadjes, maar hij is ook lekker op allerlei taaie groenten zoals friet, escarole of spinazie.

4 eetlepels extra vergine olijfolie

1 eetlepel rode wijnazijn

Zout en versgemalen zwarte peper

2 eetlepels verkruimelde gorgonzola

een/4 kopjes gehakte geroosterde hazelnoten (zie<u>Hoe pinda-toast en huid te maken</u>)

Klop in een kleine kom olie, azijn en peper en zout naar smaak door elkaar. Roer de gorgonzola en hazelnoten erdoor. Serveer nu.

Citroen Roomsaus

Salsa di Limone alla Panna

Maakt ongeveer 1/3 kop

Een beetje room krijgt het randje van een citroensaus. Ik vind dit lekker op zachte slablaadjes.

3 eetlepels extra vergine olijfolie

1 eetlepel vers citroensap

1 eetlepel slagroom

Zout en versgemalen zwarte peper

Klop in een kleine kom alle ingrediënten samen. Serveer nu.

Sinaasappel-honingsaus

Citronette al'Arancia

Maakt ongeveer 1/3 kop

De zoetheid van deze saus maakt het een perfecte match voor gemengde groenten zoals mesclun. Of probeer het op een combinatie van waterkers, rode ui en zwarte olijven.

3 eetlepels extra vergine olijfolie

1 theelepel honing

2 eetlepels vers sinaasappelsap

Zout en versgemalen zwarte peper

    Klop in een kleine kom alle ingrediënten samen. Serveer nu.

Vlees water

Brodo di Carne

Maakt ongeveer 4 liter

Een basisbouillon gemaakt van verschillende soorten vlees voor soepen, risotti en stoofschotels. Een goede bouillon moet vol van smaak zijn, maar niet zo agressief dat het de smaak van het gerecht wegneemt. Rundvlees, kalfsvlees en gevogelte kunnen worden gebruikt, maar vermijd varkensvlees of lamsvlees. Hun smaak is sterk en kan het water overstemmen. Pas de vleesverhoudingen voor deze bouillon aan uw smaak of de beschikbare ingrediënten aan.

2 kilo runderbot

2 kilo rundvlees met bot

2 pond stukjes kip of kalkoen

2 wortels, schoongemaakt en in 3 of 4 stukken gesneden

2 selderijribben, in 3 of 4 stukken gesneden

2 middelgrote uien, geschild maar heel gelaten

1 grote tomaat of 1 kopje in blokjes gesneden tomaten uit blik

1 teentje knoflook

Verse platte peterselie met 3 of 4 stelen

een. Combineer vlees, botten en stukjes kip in een grote pan. Voeg 6 liter koud water toe en breng op middelhoog vuur aan de kook.

2. Pas het vuur zo aan dat het water nauwelijks kookt. Verwijder het schuim en de olie die naar de oppervlakte van de bouillon stijgen.

3. Voeg de resterende ingrediënten toe als het schuim stopt met stijgen. Kook gedurende 3 uur, pas de hitte aan zodat de vloeistof iets stijgt.

4. Laat de bouillon even afkoelen en zeef vervolgens in plastic bewaarbakjes. De bouillon kan onmiddellijk worden gebruikt of volledig laten afkoelen, dek af en bewaar tot 3 dagen in de koelkast of tot 3 maanden in de vriezer.

kippen bouillon

Brodo di Pollo

Maakt ongeveer 4 liter

Een gerijpte kip, ook wel gevogelte genoemd, geeft de bouillon een vollere, rijkere smaak dan een jonge vogel. Als je geen kip kunt vinden, probeer dan kalkoenvleugels of halzen aan de bouillon toe te voegen, maar gebruik niet te veel kalkoen, anders zal de smaak de kip overweldigen.

Na het koken zal de meeste smaak uit het vlees worden gekookt, maar zuinige Italiaanse koks gebruiken het om salades te maken of te hakken voor pasta of groentevullingen.

1 heel gevogelte of kip van 4 pond

2 pond stukjes kip of kalkoen

2 selderijribben, blad, fijngehakt

2 wortelen, in stukjes

2 middelgrote uien, geschild en heel gelaten

1 grote tomaat of 1 kopje in blokjes gesneden tomaten uit blik

1 teentje knoflook

3 of 4 takjes verse peterselie

een. Doe het gevogelte en de stukjes kip of kalkoen in een grote pan. Voeg 5 liter koud water toe en breng op middelhoog vuur aan de kook.

2.Pas het vuur zo aan dat het water nauwelijks kookt. Verwijder het schuim en de olie die naar de oppervlakte van de bouillon stijgen.

3.Voeg de resterende ingrediënten toe als het schuim stopt met stijgen. Kook gedurende 2 uur, pas de hitte aan zodat de vloeistof iets stijgt.

4.Laat de bouillon even afkoelen en zeef vervolgens in plastic bewaarbakjes. De bouillon kan onmiddellijk worden gebruikt of volledig laten afkoelen, dek af en bewaar tot 3 dagen in de koelkast of tot 3 maanden in de vriezer.

Antonietta's Bonensoep

Zuppa di Fagioli

Maakt 8 porties

Hun kokkin Antonietta bereidde deze bonensoep voor de lunch toen ik de wijnmakerij van de familie Pasetti in Abruzzo bezocht. Het is gebaseerd op de klassieker<u>Ragu in Abruzzo-stijl</u>, maar je kunt elke andere tomatensaus met of zonder vlees gebruiken.

Een voedselmolen wordt gebruikt om bonen zacht te maken en hun schalen te verwijderen. De soep kan ook gepureerd worden in een keukenmachine of blender. Antonietta serveerde de soep met vers geraspte Parmigiano-Reggiano, maar ze vertelde ons dat het voor gasten in dat gebied gebruikelijk was om de soep op smaak te brengen met verse groene chilipepers. Naast de geraspte kaas liep hij rond een bord paprika en een mes zodat hij elk diner zijn eigen kaas kon snijden en toevoegen.

2 glazen<u>Ragu in Abruzzo-stijl</u>of een andere vlees- of tomatensaus

3 glazen water

4 kopjes uitgelekte gedroogde of ingeblikte veenbessen of cannellinibonen

Zout en versgemalen zwarte peper naar smaak

4 ons spaghetti, bijgesneden of in stukjes van 2 inch gesneden

Vers geraspte Parmigiano-Reggiano

1 of 2 verse groene pepers, zoals jalapeno (optioneel)

een. Bereid ragù voor indien nodig. Combineer vervolgens de ragù en het water in een grote pan. Haal de bonen door een voedselmolen in de pot. Kook op laag vuur, af en toe roerend, tot de soep heet is. Voeg zout en peper naar smaak toe.

2.Voeg de pasta toe en meng goed. Kook, onder regelmatig roeren, tot de pasta zacht is. Als de soep te dik is, voeg dan nog wat water toe.

3.Serveer warm of warm. Geef de kaas en verse chilipepers apart door, indien gebruikt.

Pasta en Bonen

Pasta en fagioli

Maakt 8 porties

Deze Napolitaanse versie van bonen- en macaronisoep (in zijn dialect bekend als "pasta fazool") wordt meestal erg dik geserveerd, maar moet nog steeds met een lepel worden gegeten.

een/4 kopjes olijfolie

2 selderijribben, gehakt (ongeveer 1 kop)

2 teentjes knoflook, fijngehakt

1 kop gepelde, gezaaide en gehakte verse of ingeblikte tomaten

Een snufje gemalen rode peper

Zout

3 kopjes uitgelekte gedroogde of ingeblikte cannellini of Great Northern bonen

8 ons ditalini of gebroken spaghetti

een. Giet de olie in een grote pan. Voeg de bleekselderij en knoflook toe. Kook op middelhoog vuur gedurende ongeveer 10 minuten, onder regelmatig roeren, tot de groenten zacht en goudbruin zijn. Voeg tomaten, geplette rode peper en zout naar smaak toe. Bak tot een beetje ingedikt, ongeveer 10 minuten.

2. Voeg de bonen toe aan de tomatensaus. Breng het mengsel aan de kook. Pureer een deel van de bonen met de achterkant van een grote lepel.

3. Kook water in een grote pan. Voeg zout naar smaak toe en dan de pasta. Meng het goed. Kook op hoog vuur, onder regelmatig roeren, tot de pasta zacht maar een beetje niet gaar is. Giet de pasta af, bewaar wat van het kookvocht.

4. Roer de pasta door het bonenmengsel. Voeg indien nodig een beetje van het kookvocht toe, maar het mengsel moet erg dik blijven. Zet het vuur uit en laat ongeveer 10 minuten staan alvorens te serveren.

Romige Bonensoep

Crema di Fagioli

Maakt 4 tot 6 porties

Ik kwam een versie van dit recept tegen in A Tavola ("Op tafel"), een Italiaans voedingsmagazine. Romig en zacht, deze soep is puur, geruststellend, geruststellend eten.

3 kopjes uitgelekte gedroogde of ingeblikte cannellini of Great Northern bonen

Ongeveer 2 kopjes zelfgemaakt<u>Vlees water</u>of een mengsel van halfmarktbouillon en halfwater

een/2 kopjes melk

2 eierdooiers

een/2 kopjes vers geraspte Parmigiano-Reggiano en meer om te serveren

Zout en versgemalen zwarte peper

een. Pureer de bonen in een keukenmachine, blender of keukenmachine.

2. Breng het water in een middelgrote pan op middelhoog vuur aan de kook. Roer de bonenpuree erdoor en breng aan de kook.

3. Klop de melk en het eigeel los in een kleine kom. Giet een kopje soep in de kom en klop tot een gladde massa. Giet het mengsel in de pot. Kook al roerend tot het zeer heet is, maar kook niet.

4. Roer de Parmigiano-Reggiano erdoor en zout en peper naar smaak. Serveer warm, bestrooid met extra kaas.

Friulische Soep van Gerst en Bonen

Zuppa di Orzo en Fagioli

Maakt 6 porties

Hoewel beter bekend in de Verenigde Staten als een kleine vorm van pasta, is orzo in het Italiaans de naam voor gerst, een van de eerste granen ooit verbouwd. De regio die nu Friuli in Italië is, maakte ooit deel uit van Oostenrijk. De aanwezigheid van gerst verraadt dat deze soep van Oostenrijkse oorsprong is.

Als u reeds gekookte of ingeblikte bonen gebruikt, vervangt u 3 kopjes of twee 16-ounce blikken uitgelekte bonen, vermindert u het water tot 4 kopjes en kookt u de soep slechts 30 minuten in stap 2. Ga dan te werk zoals aangegeven.

2 eetlepels olijfolie

2 ons fijngehakte pancetta

2 selderijribben, in stukjes gesneden

2 wortelen, in stukjes

1 middelgrote ui, gehakt

1 teentje knoflook, fijngehakt

1 kop (ongeveer 8 ons) gedroogde cannellini of geweldige noordelijke bonen

een/2 kopjes Alkmaarse gort, gespoeld en uitgelekt

Zout en versgemalen zwarte peper

een. Giet de olie in een grote pan. Voeg de pancetta toe. Kook op middelhoog vuur, onder regelmatig roeren, gedurende ongeveer 10 minuten, tot de pancetta lichtbruin is. Voeg de bleekselderij, wortelen, uien en knoflook toe. Kook, onder regelmatig roeren, tot de groenten goudbruin zijn, ongeveer 10 minuten.

2.Voeg de bonen en 8 kopjes water toe. Breng het aan de kook. Dek af en kook op laag vuur gedurende 11/2 tot 2 uur of tot de bonen heel zacht zijn.

3.Pureer een deel van de bonen met de achterkant van een grote lepel. Voeg gerst, zout en peper toe. Laat 30 minuten koken of tot de gerst gaar is. Roer de soep regelmatig om zodat de gerst niet aan de bodem van de pan blijft plakken. Als de soep te dik is, voeg dan water toe. Serveer warm of warm.

Bonen-champignonsoep

Minestra di Fagioli en Funghi

Maakt 8 porties

Een koude herfstdag in Toscane hunkerde naar een stevige kom soep en leidde me naar een eenvoudige maar gedenkwaardige maaltijd. Bij Il Prato, een restaurant in Pienza, kondigde de ober aan dat de keuken die dag een speciale bonensoep aan het bereiden was. De soep was heerlijk, met een aardse, rokerige smaak waarvan ik later hoorde dat die voortkwam uit de toevoeging van gedroogde eekhoorntjesbrood. Na de soep bestelde ik de uitstekende pecorino-kaas waar Pienza beroemd om is.

een/2 ons gedroogde eekhoorntjesbrood

1 kopje warm water

2 middelgrote wortels, gehakt

1 selderijrib, in stukjes gesneden

1 middelgrote ui, gehakt

1 kop gepelde, gezaaide en gehakte verse of ingeblikte tomaten

een/4 kopjes gehakte verse bladpeterselie

6 kopjes zelfgemaakt Vlees water of kippen bouillon of een mengsel van half in de winkel gekochte bouillon en half water

3 kopjes uitgelekte gedroogde of ingeblikte cannellini of grote noordelijke bonen

een/2 kopjes halfkorrelige rijst, bijvoorbeeld Arborio

Zout en versgemalen zwarte peper naar smaak

een. Week de champignons 30 minuten in water. Verwijder de champignons en bewaar het vocht. Spoel de champignons af onder koud stromend water en let vooral op de stelen waar zich aarde heeft opgehoopt. Hak de champignons grof. Zeef en bewaar de champignonvloeistof door een papieren koffiefilter in een kom.

2. Combineer in een grote pan champignons en hun vloeistoffen, wortelen, selderij, ui, tomaat, peterselie en bouillon. Breng het aan de kook. Kook tot de groenten zacht zijn, ongeveer 20 minuten.

3. Voeg de bonen en rijst toe en zout en peper naar smaak. Kook tot de rijst zacht is, 20 minuten, af en toe roeren. Serveer warm of warm.

Milanese Pasta en Bonen

Pasta en Fagioli alla Milanese

Maakt 8 porties

Overgebleven verse pastaresten genaamd Maltagliati ("slecht gesneden") worden gebruikt voor deze soep, of u kunt verse fettuccine gebruiken die in hapklare stukjes is gesneden.

2 eetlepels ongezouten boter

2 eetlepels olijfolie

6 verse salieblaadjes

1 eetlepel gehakte verse rozemarijn

4 wortelen, in stukjes

4 selderijribben, gehakt

3 medium gekookte aardappelen, in blokjes

2 uien, gesnipperd

4 tomaten, geschild, ontpit en in blokjes gesneden, of 2 kopjes tomatenblokjes in blik

1 pond (ongeveer 2 kopjes) gedroogde veenbessen of cannellinibonen (zie bronnen).Bonen in landelijke stijl) of 4 blikjes van 16 ounce

Ongeveer 8 kopjes zelfgemaaktVlees waterof een mengsel van half in de winkel gekochte runder- of groentebouillon en half water

Zout en versgemalen zwarte peper

8 ons verse maltagliati of verse fettuccine, in stukjes van 1 inch gesneden

extra vergine olijfolie

een. Smelt de boter met de olie in een grote pan op middelhoog vuur. Roer de salie en rozemarijn erdoor. Voeg de wortelen, selderij, aardappelen en uien toe. Kook ongeveer 10 minuten tot ze gaar zijn, onder regelmatig roeren.

2.Roer de tomaten en bonen erdoor. Voeg de bouillon toe en zout en peper naar smaak. Breng het mengsel aan de kook. Laat ongeveer 1 uur op laag vuur koken tot alle ingrediënten heel zacht zijn.

3.Haal de helft van de soep uit de pan en haal het door een voedselmolen of pureer het met een blender. Giet de puree terug in de pan. Meng goed en voeg de pasta toe. Breng de soep aan de kook en zet dan het vuur uit.

4.Laat de soep voor het serveren iets afkoelen. Serveer warm met een scheutje extra vierge olijfolie en veel gemalen zwarte peper.

Linzen-venkelsoep

Zuppa di Lenticchie en Finocchio

Maakt 8 porties

Linzen zijn een van de oudste peulvruchten. Ze kunnen bruin, groen, rood of zwart zijn, maar in Italië zijn de beste linzen de kleine groene linzen uit Castelluccio in Umbrië. In tegenstelling tot bonen hoeven linzen niet geweekt te worden voor het koken.

Bewaar de harige toppen van de venkel voor de garnering van de soep.

1 pond bruine of groene linzen, geschild en afgespoeld

2 middelgrote uien, gehakt

2 wortelen, in stukjes

1 middelgrote gekookte aardappel, geschild en in stukjes gesneden

1 kopje gehakte venkel

1 kopje verse of ingeblikte tomaten, gehakt

een/4 kopjes olijfolie

Zout en versgemalen zwarte peper

1 kopje tubetti, ditalini of kleine schelpen

Optioneel verse venkeltoppen

extra vergine olijfolie

een. Combineer linzen, uien, wortelen, aardappelen en venkel in een grote pan. Voeg voldoende koud water toe om het met 1 vinger te bedekken. Breng de vloeistof aan de kook en kook op laag vuur gedurende 30 minuten.

2.Meng tomaten en olijfolie. Voeg zout en peper naar smaak toe. Laat nog 20 minuten koken tot de linzen gaar zijn. Voeg zo nodig een beetje water toe zodat de linzen net onder staan.

3.Roer de pasta erdoor en kook tot de pasta gaar is, nog eens 15 minuten. Proef en pas op smaak. Garneer met gehakte venkeltoppen, indien beschikbaar. Serveer warm of warm met een scheutje extra vergine olijfolie.

Spinazie, Linzen en Rijstsoep

Minestra di Lenticchie en Spinaci

Maakt 8 porties

Door minder water toe te voegen en de rijst te verwijderen, wordt deze soep een bijgerecht bij gegrilde visfilets of varkensvlees. Escarole, boerenkool, boerenkool, snijbiet of andere bladgroenten kunnen worden gebruikt in plaats van spinazie.

1 pond linzen, geschild en afgespoeld

6 glazen water

3 grote teentjes knoflook, gehakt

een/4 kopjes extra vierge olijfolie

8 ons spinazie, gesteeld en in hapklare stukjes gesneden

Zout en versgemalen zwarte peper

1 kopje gekookte rijst

een. Combineer linzen, water, knoflook en olie in een grote pan. Breng aan de kook en kook op laag vuur gedurende 40 minuten. Voeg zoveel water toe dat de linzen onder staan.

2.Roer de spinazie erdoor en zout en peper naar smaak. Laat nog ongeveer 10 minuten koken tot de linzen zacht zijn.

3.Voeg de rijst toe en kook tot het heet is. Serveer warm met een scheutje extra vierge olijfolie.

Linzensoep en Groentesoep

Minestra di Lenticchie en Verdura

Maakt 6 porties

Kijk voor het koken naar de linzen om eventuele kleine steentjes of vuil te verwijderen. Voeg voor een stevigere soep een kop of twee gekookte ditalini of gebroken spaghetti toe.

een/4 kopjes olijfolie

1 middelgrote ui, gehakt

1 selderijrib, in stukjes gesneden

1 middelgrote wortel, gehakt

2 teentjes knoflook, fijngehakt

een/2 kopjes in blokjes gesneden Italiaanse tomaten uit blik

8 ons linzen (ongeveer 1 kop), uitgelekt en gespoeld

Zout en versgemalen zwarte peper

1 pond escarole, spinazie of andere bladgroenten, bijgesneden en in hapklare stukjes gesneden

een/2 kopjes vers geraspte Pecorino Romano of Parmigiano-Reggiano

een. Giet de olie in een grote pan. Voeg de ui, bleekselderij, wortel en knoflook toe en kook op middelhoog vuur gedurende 10 minuten of tot de groenten zacht en goudbruin zijn. Voeg de tomaten toe en bak nog 5 minuten.

2.Voeg de linzen, zout en peper en 4 kopjes water toe. Breng de soep aan de kook en laat 45 minuten sudderen of tot de linzen gaar zijn.

3.Meng groenten. Dek af en kook gedurende 10 minuten of tot de groenten gaar zijn. Smaak voor specerijen.

4.Roer vlak voor het serveren de kaas erdoor. Heet opdienen.

Pure Linzensoep Met Croutons

Purea di Lenticchie

Maakt 6 tot 8 porties

Bovenop deze zachte linzenpuree uit Umbrië worden knapperige sneetjes brood gelegd. Wrijf voor meer smaak de croutons in met een teentje rauwe knoflook terwijl ze nog heet zijn.

1 pond linzen, geschild en afgespoeld

1 selderijrib, in stukjes gesneden

1 wortel, gehakt

1 grote ui, gesnipperd

1 grote gekookte aardappel, in stukjes

2 eetlepels tomatenpuree

Zout en versgemalen zwarte peper

2 eetlepels extra vierge olijfolie en meer om te serveren

8 sneetjes Italiaans of Frans brood

een. Doe de linzen, groenten en tomatenpuree in een grote pan. Voeg voldoende koud water toe om het met 2 inch te bedekken. Breng het aan de kook. Kook gedurende 20 minuten. Voeg zout naar smaak toe en indien nodig meer water om de ingrediënten onder te houden. Laat nog 20 minuten koken of tot de linzen heel zacht zijn.

2.Leeg de inhoud van de pan en bewaar de vloeistof. Doe de linzen en groenten in een keukenmachine of blender en pureer indien nodig in delen tot een gladde massa. Giet de linzen terug in de pot. Breng op smaak met zout en peper. Verwarm zachtjes, voeg eventueel wat van het kookvocht toe.

3.Verhit 2 eetlepels olijfolie in een grote koekenpan op middelhoog vuur. Voeg het brood toe in een enkele laag. Bak tot ze bruin en bruin aan de onderkant zijn, 3 tot 4 minuten. Draai de stukjes brood om en rooster ze nog ongeveer 3 minuten.

4.Haal de soep van het fornuis. Lepel in kommen. Vul elk bakje met een sneetje toast. Serveer warm met een scheutje olijfolie erover.

Kikkererwtensoep uit Puglia

Minestra di Ceci

Maakt 6 porties

In Puglia wordt deze dikke soep gemaakt met korte reepjes verse pasta, ook wel lagane genoemd. Verse fettuccine gesneden in reepjes van 3 inch kan worden vervangen, net als kleine gedroogde pastavormen of gebroken spaghetti. Ansjovis wordt gebruikt in plaats van bouillon om deze soep op smaak te brengen en water wordt gebruikt als kookvloeistof. De ansjovis smelt in de soep en voegt zoveel karakter toe zonder dat het opvalt.

een/3 kopjes olijfolie

3 teentjes knoflook, licht geplet

2 2-inch takjes verse rozemarijn

4 ansjovisfilets, in stukjes gesneden

31/2 kopjes gekookte kikkererwten of 2 blikken van 16 ounce, uitgelekt en vloeistof gereserveerd

4 ons verse fettuccine, in stukken van 3 inch gesneden

Vers gemalen zwarte peper

een. Giet de olie in een grote pan. Voeg de knoflook en rozemarijn toe en kook op middelhoog vuur, druk de teentjes knoflook met de achterkant van een grote lepel aan tot de knoflook goudbruin is, ongeveer 2 minuten. Verwijder de knoflook en rozemarijn en gooi ze weg. Voeg de ansjovisfilets toe en kook, al roerend, ongeveer 3 minuten, tot de ansjovis gesmolten is.

2. Voeg de kikkererwten toe aan de pot en meng goed. Pureer de helft van de kikkererwten grof met de achterkant van een lepel of een aardappelstamper. Voeg voldoende water of kookvocht van kikkererwten toe om de kikkererwten te bedekken. Breng de vloeistof aan de kook.

3. Meng de pasta. Breng op smaak met een flinke hoeveelheid versgemalen zwarte peper. Kook tot de pasta zacht en hard genoeg is om in te bijten. Haal van het vuur en laat 5 minuten staan. Serveer warm met een scheutje extra vierge olijfolie.

Kikkererwten en Pastasoep

Minestra di Ceci

Maakt 6 tot 8 porties

In de regio Marche in Midden-Italië wordt deze soep soms gemaakt met quadrucci, kleine stukjes verse eierpasta. Om quadrucci te maken, snijdt u verse fettuccine in kleine vierkantjes in korte stukken. Laat iedereen zijn soep besprenkelen met wat extra vergine olijfolie.

Van alle peulvruchten vind ik kikkererwten het moeilijkst om te koken. Soms duurt het veel langer dan ik had verwacht om gevoelig te worden. Het is een goed idee om deze soep van tevoren in stap 2 te bereiden, vervolgens opnieuw op te warmen en af te maken wanneer deze klaar is om te serveren, zodat de kikkererwten voldoende tijd hebben om zacht te worden.

1 kilo gedroogde kikkererwten, een nacht geweekt (zie Fig.<u>Bonen in landelijke stijl</u>)

een/4 kopjes olijfolie

1 middelgrote ui, gehakt

2 selderijribben, in stukjes gesneden

2 kopjes ingeblikte tomaten, gehakt

Zout

8 ons ditalini of kleine ellebogen of schelpen

Vers gemalen zwarte peper

extra vergine olijfolie

een. Giet de olie in een grote pan. Voeg de ui en bleekselderij toe en kook op middelhoog vuur gedurende 10 minuten of tot de groenten zacht en goudbruin zijn, roer regelmatig. Voeg de tomaten toe en laat het koken. Kook nog 10 minuten.

2.Giet de kikkererwten af en voeg ze toe aan de pot. Voeg 1 theelepel zout toe en voldoende koud water om het met 1 vinger te bedekken. Breng het aan de kook. Laat 1 1/2 tot 2 uur koken of tot de kikkererwten heel zacht zijn. Voeg indien nodig voldoende water toe om de kikkererwten onder te laten staan.

3.Zet ongeveer 20 minuten voordat de kikkererwten gaar zijn een grote pan water op en breng het aan de kook. Voeg het zout toe en dan de pasta. Kook tot de pasta zacht is. Zeef en voeg toe aan de soep. Breng op smaak met zout en peper. Serveer warm met een scheutje extra vierge olijfolie.

Ligurische soep van kikkererwten en eekhoorntjesbrood

Pasta en Ceci con Porcini

Maakt 4 porties

Dit is mijn versie van de soep gemaakt in Ligurië. Sommige koks maken het zonder snijbiet, anderen gebruiken karton in de ingrediënten.

een/2 ons gedroogde eekhoorntjesbrood

1 kopje warm water

een/4 kopjes olijfolie

2 ons pancetta, gehakt

1 middelgrote ui, fijngehakt

1 middelgrote wortel, fijngehakt

1 middelgrote selderijrib, fijngehakt

1 teentje knoflook, fijngehakt

3 kopjes gekookte, gedroogde of uitgelekte kikkererwten uit blik

8 ons snijbiet, diagonaal in smalle reepjes gesneden

1 middelgrote gekookte aardappel, geschild en in stukjes gesneden

1 kop gepelde, gezaaide en gehakte verse of ingeblikte tomaten

Zout en versgemalen zwarte peper

1 kop ditalini, tubetti of andere kleine pasta

een. Week de champignons 30 minuten in water. Verwijder ze en bewaar de vloeistof. Spoel de champignons af onder koud stromend water om eventueel gruis te verwijderen. Hak ze grof. Zeef de vloeistof door een papieren koffiefilter in een kom.

2.Giet de olie in een grote pan. Voeg pancetta, ui, wortel, selderij en knoflook toe. Kook op middelhoog vuur, onder regelmatig roeren, gedurende ongeveer 10 minuten, tot uien en andere aromaten goudbruin zijn.

3.Meng kikkererwten, snijbiet, aardappelen, tomaten en champignons met hun vloeistoffen. Voeg voldoende water toe om de ingrediënten te bedekken en voeg zout en peper naar smaak toe. Breng aan de kook en laat ongeveer 1 uur sudderen, tot de groenten zacht zijn en de soep ingedikt. Als de soep te dik is, voeg dan water toe.

4.Voeg de pasta en 2 glazen water toe en meng. Kook, onder regelmatig roeren, ongeveer 15 minuten of tot de pasta gaar is. Laat voor het serveren iets afkoelen.

GROENTESOEPEN

Toscaans brood en groentesoep

ribollita

Maakt 8 porties

Op een zomer in Toscane werd deze soep overal geserveerd waar ik kwam, soms twee keer per dag. Ik werd er nooit moe van, want elke kok gebruikte zijn eigen combinatie van ingrediënten en het was altijd goed. Het zijn eigenlijk twee recepten in één. De eerste is gemengde groentesoep. De volgende dag worden de restjes opgewarmd en vermengd met het dagelijkse brood. Opwarmen geeft de soep zijn Italiaanse naam, wat opnieuw gekookt betekent. Dit wordt meestal 's ochtends gedaan en de soep mag rusten tot de lunch. Ribollita wordt meestal warm of op kamertemperatuur geserveerd, nooit stomend heet.

Zorg ervoor dat je een stevig Italiaans of boerenbrood van goede kwaliteit gebruikt voor de juiste textuur.

4 kopjes zelfgemaakt kippen bouillon of vlees water of een mengsel van half in de winkel gekochte bouillon en half water

een/4 kopjes olijfolie

2 malse selderijribben, in stukjes gesneden

2 middelgrote wortels, gehakt

2 teentjes knoflook, fijngehakt

1 kleine rode ui, gesnipperd

een/4 kopjes gehakte verse bladpeterselie

1 eetlepel gehakte verse salie

1 eetlepel gehakte verse rozemarijn

1 1/2 pond gepelde, gezaaide en in blokjes gesneden verse tomaten of 1 1/2 kopjes ingeblikte Italiaanse gepelde tomaten, met sap, in blokjes

3 kopjes uitgelekte, gekookte, gedroogde of ingeblikte cannellinibonen

2 medium gekookte aardappelen, geschild en in blokjes gesneden

2 middelgrote courgettes, gehakt

1 pond boerenkool of boerenkool, in dunne plakjes gesneden (ongeveer 4 kopjes)

8 ons sperziebonen, bijgesneden en in hapklare stukjes gesneden

Zout en versgemalen zwarte peper naar smaak

Ongeveer 8 ons dagelijks Italiaans brood, dun gesneden

extra vergine olijfolie

Zeer dunne plakjes rode ui (optioneel)

een. Maak indien nodig water klaar. Doe vervolgens de olijfolie in een grote pan. Voeg de bleekselderij, wortelen, knoflook, uien en kruiden toe. Kook op middelhoog vuur, onder regelmatig roeren, gedurende ongeveer 20 minuten, tot de selderij en andere aromaten zacht en goudbruin zijn. Voeg de tomaten toe en kook 10 minuten.

2.Roer de bonen, resterende groenten en peper en zout naar smaak erdoor. Voeg bouillon en water toe net genoeg om het onder te laten staan. Breng het aan de kook. Laat ongeveer 2 uur zachtjes sudderen op heel laag vuur, tot de groenten gaar zijn. Laat iets afkoelen, zet het een nacht in de koelkast of maximaal 2 dagen als je het niet meteen gebruikt.

3.Als je klaar bent om te serveren, giet je ongeveer 4 kopjes soep in een blender of keukenmachine. Pureer de soep en doe deze samen met de rest van de soep in een pan. Zachtjes opwarmen.

4.Kies een soepkom of steelpan die groot genoeg is voor het brood en de soep. Leg er een laag sneetjes brood onder. eetlepels, genoeg om het brood volledig te bedekken. Herhaal de laagjes totdat alle soep is gebruikt en het brood nat is. Laat het minstens 20 minuten zitten. Het moet erg dik zijn.

5. Roer de soep om het brood te breken. Besprenkel met extra vierge olijfolie en bestrooi met rode uien. Serveer warm of op kamertemperatuur.

Winterpompoensoep

Zuppa di Zucca

Maakt 4 porties

Italiaanse chef-koks kunnen grote pompoenen en andere stukken winterpompoen kopen om deze heerlijke soep te maken op de groente- en fruitmarkt, fruttivendolo. Ik gebruik meestal pompoen of eikelpompoen. Verpletterde paprika, genaamd peperoncino, voegt onverwachte pikantheid toe.

4 kopjes zelfgemaakt kippen bouillon of een mengsel van half in de winkel gekochte bouillon en half water

2 pond winterpompoen, zoals pompoen of eikels

een/2 kopjes olijfolie

2 teentjes knoflook, fijngehakt

Een snufje gemalen rode peper

Zout

een/4 kopjes gehakte verse bladpeterselie

een. Maak indien nodig water klaar. Schil vervolgens de courgette en verwijder de zaadjes. Snijd in stukjes van 1 inch.

2.Giet de olie in een grote pan. Voeg de knoflook en geplette rode peper toe. Kook op middelhoog vuur, onder regelmatig roeren, gedurende ongeveer 2 minuten, tot de knoflook licht goudbruin is. Meng courgette en zout naar smaak.

3.Voeg de bouillon toe en laat koken. Dek af en kook gedurende 35 minuten of tot de courgette heel zacht is.

4.Doe de courgette met een schuimspaan in een keukenmachine of blender en pureer tot een gladde massa. Doe de puree met de bouillon terug in de pan. Breng de soep opnieuw aan de kook en laat 5 minuten koken. Als de soep te dik is, voeg dan wat water toe.

5.Zout naar smaak toevoegen. Meng de peterselie. Heet opdienen.

Soep "gekookt water".

aquacotta

Maakt 6 porties

Er zijn maar een paar groenten, eieren en overgebleven brood nodig om deze heerlijke Toscaanse soep te maken, daarom noemen Italianen het gekscherend 'gekookt water'. Gebruik elke paddenstoel die beschikbaar is.

een/4 kopjes olijfolie

2 selderijribben, dun gesneden

2 teentjes knoflook, gehakt

1 pond diverse paddenstoelen, zoals knop, shiitake en cremini, getrimd en in plakjes

1 pond verse pruimtomaten, geschild, ontpit en in stukjes gesneden, of 2 kopjes tomaten in blik

Een snufje gemalen rode peper

6 eieren

6 sneetjes Italiaans of Frans brood, geroosterd

4 tot 6 eetlepels versgeraspte pecorinokaas

een. Giet de olie in een middelgrote pan. Voeg de bleekselderij en knoflook toe. Kook op middelhoog vuur gedurende ongeveer 5 minuten, onder regelmatig roeren, tot ze gaar zijn.

2.Voeg de champignons toe en kook, af en toe roerend, tot de champignonsappen zijn verdampt. Voeg de tomaten en geplette rode peper toe en bak 20 minuten.

3.Voeg naar smaak 4 glazen water en zout toe. Breng het aan de kook. Kook nog 20 minuten.

4.Breek vlak voor het opdienen een van de eieren in een glas. Doe het ei voorzichtig in de hete soep. Herhaal met de overige eieren. Dek af en kook op zeer laag vuur gedurende 3 minuten of tot de eieren net naar smaak zijn.

5.Leg in elke serveerschaal een sneetje toast. Schep er voorzichtig een ei op en lepel de hete soep erover. Bestrooi met kaas en serveer direct.

Pompoen Pesto Soep

Zuppa di Courgette al Pesto

Maakt 4 tot 6 porties

De pesto-smaak is onweerstaanbaar wanneer deze wordt gemengd in een hete soep.

2 kopjes zelfgemaakt<u>kippen bouillon</u>of een mengsel van half in de winkel gekochte bouillon en half water

3 eetlepels olijfolie

2 middelgrote uien, gehakt

4 kleine courgettes (ongeveer 1 1/4 pond), schoongemaakt en in stukjes gesneden

3 medium gekookte aardappelen, geschild en in stukjes gesneden

Zout en versgemalen zwarte peper naar smaak

1 kopje gebroken spaghetti

pesto

2 tot 3 grote teentjes knoflook

een/2 kopjes verse basilicum

een/4 kopjes verse Italiaanse platte peterselie

een/2 kopjes geraspte Parmigiano-Reggiano en meer om te bestrooien

2 tot 3 eetlepels extra vierge olijfolie

Zout en versgemalen zwarte peper

een. Maak indien nodig water klaar. Giet vervolgens de olie in een middelgrote pan. Voeg de uien toe. Kook, onder regelmatig roeren, ongeveer 10 minuten op middelhoog vuur tot de uien zacht en goudbruin zijn. Voeg de courgette en aardappelen toe en kook 10 minuten, af en toe roerend. Voeg kippenbouillon en 4 kopjes water toe. Breng de vloeistof aan de kook en kook gedurende 30 minuten. Voeg zout en peper naar smaak toe.

2.Meng de pasta. Kook nog 15 minuten.

3.Bereid de pesto: Hak in een keukenmachine de knoflook, basilicum en peterselie heel fijn. Voeg de kaas toe en besprenkel langzaam met olijfolie tot een dikke pasta. Breng op smaak met zout en peper.

4.Breng de pesto over in een middelgrote kom; Klop met een garde ongeveer 1 kop hete soep door de pesto. Roer het mengsel door de pan met de rest van de soep. Laat het 5 minuten rusten. Proef en pas op smaak. Serveer met extra kaas.

Prei, Tomaat en Broodsoep

Paus El Pomodoro

Maakt 4 porties

Toscanen eten veel soep en maken veel met brood in plaats van pasta of rijst. Dit is een favoriet in de vroege herfst, wanneer er voldoende rijpe tomaten en verse prei in de buurt zijn. Het is ook goed in de wintermaanden gemaakt met tomaten uit blik.

6 kopjes zelfgemaakt<u>kippen bouillon</u>of een mengsel van half in de winkel gekochte bouillon en half water

3 eetlepels olijfolie, plus meer voor motregen

2 middelgrote prei

3 grote teentjes knoflook

Een snufje gemalen rode peper

2 kopjes gepelde, gezaaide en gehakte verse of ingeblikte tomaten

Zout

een/2 broden dagelijks Italiaans volkorenbrood, gesneden in blokjes van 1 inch (ongeveer 4 kopjes) een/2 kopjes gescheurde verse basilicum

extra vergine olijfolie

een. Maak indien nodig water klaar. Snijd vervolgens de wortel en donkergroene delen van de prei af. Snijd de prei in de lengte doormidden en spoel goed af onder koud stromend water. Hak fijn.

2. Giet de olie in een grote pan. Voeg de prei toe en kook op middelhoog vuur gedurende ongeveer 5 minuten, onder regelmatig roeren, tot ze gaar zijn. Roer de knoflook en geplette rode peper erdoor.

3. Voeg de tomaten en het water toe en laat het koken. Laat 15 minuten koken, af en toe roeren. Zout naar smaak toevoegen.

4. Roer het brood door de soep en laat 20 minuten koken, af en toe roeren. De soep moet dik zijn. Voeg indien nodig meer brood toe.

5. Haal van het vuur. Roer de basilicum erdoor en laat 10 minuten staan. Serveer warm met een scheutje extra vierge olijfolie.

Pompoen- en Tomatensoep

Zuppa di Zucchine en Pomodori

Maakt 6 porties

Terwijl kleinere courgettes beter smaken, zijn zelfs grotere groenten goed in deze soep omdat hun sappigheid en gebrek aan smaak onopgemerkt blijven met alle andere smaakvolle ingrediënten.

5 kopjes zelfgemaakt<u>kippen bouillon</u>of een mengsel van half in de winkel gekochte bouillon en half water

3 eetlepels olijfolie

1 middelgrote ui, fijngehakt

1 teentje knoflook, gehakt

1 theelepel gehakte verse rozemarijn

1 theelepel gehakte verse salie

1 1/2 kopjes gepelde, gezaaide en in blokjes gesneden tomaten

1 1/2 pond courgette, in stukjes gesneden

Zout en versgemalen zwarte peper

3 kopjes per dag Italiaanse of Franse broodblokjes

Vers geraspte Parmigiano-Reggiano

een. Maak indien nodig water klaar. Doe vervolgens de olie in een grote pan. Voeg ui, knoflook, rozemarijn en salie toe. Kook op middelhoog vuur, onder regelmatig roeren, tot de ui goudbruin is, ongeveer 10 minuten.

2.Voeg de tomaten toe en meng goed. Voeg de bouillon toe en laat koken. Roer de courgette erdoor en kook 30 minuten of tot ze gaar zijn. Breng op smaak met zout en peper.

3.Roer de broodblokjes erdoor. Bak tot het brood zacht is, ongeveer 10 minuten. Laat nog 10 minuten rusten alvorens te serveren. Serveer met geraspte Parmigiano-Reggiano.

Pompoen- en Aardappelsoep

Minestra di Courgette en Aardappelen

Maakt 4 porties

Deze soep is typerend voor wat er tijdens de zomermaanden in Zuid-Italiaanse huishoudens geserveerd kan worden. Vervang het gerust zoals een Italiaanse kok zou doen, vervang de courgette door een andere groente zoals sperziebonen, tomaten of spinazie en vervang de peterselie door basilicum of munt.

6 kopjes zelfgemaakt<u>kippen bouillon</u>of een mengsel van half in de winkel gekochte bouillon en half water

2 eetlepels olijfolie

1 middelgrote ui, fijngehakt

1 pond gekookte aardappelen (ongeveer 3 medium), geschild en in stukjes gesneden

1 pond courgette (ongeveer 4 kleine), schoongemaakt en gehakt

Zout en versgemalen zwarte peper

2 eetlepels gehakte platte bladpeterselie

Vers geraspte Parmigiano-Reggiano of Pecorino Romano

een. Maak indien nodig water klaar. Giet vervolgens de olie in een middelgrote pan. Voeg de ui toe en kook, onder regelmatig roeren, op middelhoog vuur tot ze zacht en goudbruin zijn, ongeveer 10 minuten.

2.Roer de aardappelen en courgette erdoor. Voeg de bouillon toe en zout en peper naar smaak. Breng aan de kook en kook ongeveer 30 minuten tot de groenten gaar zijn.

3.Voeg zout en peper naar smaak toe. Meng de peterselie. Serveer met geraspte kaas.

Romige Venkelsoep

Zuppa di Finocchio

Maakt 6 porties

Aardappelen en venkel zijn nauw verwant. Serveer deze soep gegarneerd met gehakte venkelblaadjes en een scheutje extra vierge olijfolie.

6 kopjes zelfgemaakt<u>kippen bouillon</u>of een mengsel van half in de winkel gekochte bouillon en half water

2 grote preien, fijngesneden

3 middelgrote venkelbollen (ongeveer 2 1/2 pond)

2 eetlepels ongezouten boter

1 eetlepel olijfolie

5 gekookte aardappelen, geschild en in plakjes

Zout en versgemalen zwarte peper

extra vergine olijfolie

een. Maak indien nodig water klaar. Snijd vervolgens de prei in de lengte doormidden en was deze grondig om eventuele zandresten tussen de lagen te verwijderen. Hak grof.

2.Snijd de venkelstengels samen met de bollen af, bewaar wat van de harige groene bladeren voor de garnering. Knip de basis en bruine vlekken uit. Snijd de bollen in dunne plakjes.

3.Smelt de boter met de olie in een grote pan op middelhoog vuur. Voeg de prei toe en kook ongeveer 10 minuten tot ze zacht zijn. Voeg venkel, aardappelen, bouillon en zout en peper naar smaak toe. Breng aan de kook en kook ongeveer 1 uur, tot de groenten heel zacht zijn.

4.Breng de groenten met een schuimspaan over in een keukenmachine of blender. Verwerk of mix tot een gladde massa.

5.Doe de groenten terug in de pan en verwarm ze een beetje. Giet in soepkommen, besprenkel de venkeltoppen en besprenkel met olijfolie. Heet opdienen.

Champignonsoep en Aardappelsoep

Minestra di Funghi en Patate

Maakt 6 porties

Hier is nog een soep uit Friuli-Venezia Giulia, een regio die bekend staat om zijn uitstekende paddenstoelen. Daar zouden verse eekhoorntjesbrood worden gebruikt, maar omdat die moeilijk te vinden zijn, heb ik een combinatie van wilde en gekweekte paddenstoelen gebruikt. Zowel aardappelen als gerst worden toegevoegd als verdikkingsmiddelen.

8 kopjes zelfgemaakt<u>Vlees water</u>of een mengsel van half in de winkel gekochte bouillon en half water

2 eetlepels olijfolie

2 ons gesneden pancetta, fijngehakt

1 middelgrote ui, fijngehakt

2 selderijribben, fijngehakt

1 pond diverse paddenstoelen, zoals wit, cremini en portabello

4 eetlepels gehakte verse platte peterselie

2 teentjes knoflook, fijngehakt

3 medium gekookte aardappelen, geschild en in stukjes gesneden

Zout en versgemalen zwarte peper

een/2 kopjes Alkmaarse gort

een. Maak indien nodig water klaar. Giet de olie in een grote pan. Voeg de pancetta toe. Kook op middelhoog vuur gedurende ongeveer 10 minuten, onder regelmatig roeren, tot ze goudbruin zijn. Voeg de ui en bleekselderij toe en kook, af en toe roerend, tot ze zacht zijn, ongeveer 5 minuten.

2.Voeg de champignons, 2 eetlepels peterselie en knoflook toe. Kook, onder regelmatig roeren, ongeveer 10 minuten, tot de champignonsappen zijn verdampt.

3.Roer de aardappelen, zout en peper erdoor. Voeg de bouillon toe en laat koken. Voeg de gerst toe en kook met gesloten deksel op laag vuur gedurende 1 uur of tot de gerst zacht is en de soep dikker wordt.

4.Bestrooi met de rest van de peterselie en dien warm op.

romige bloemkoolsoep

Vellutata di Cavolfiore

Maakt 6 porties

Een elegante soep om te serveren aan het begin van een speciaal diner. Als je wat truffelolie of -pasta hebt, probeer dan vlak voor het opdienen wat kaas aan de soep toe te voegen.

1 middelgrote bloemkool, bijgesneden en verdeeld in roosjes van 1 inch

Zout

3 eetlepels ongezouten boter

een/4 kopjes bloem voor alle doeleinden

Ongeveer 2 kopjes melk

Vers Geraspte Kokosnoot

een/2 kopjes room

een/4 kopjes vers geraspte Parmigiano-Reggiano

een. Kook water in een grote pan. Bloemkool en zout naar smaak toevoegen. Kook tot de bloemkool heel zacht is, ongeveer 10 minuten. Filter goed.

2.Smelt de boter in een middelgrote pan op middelhoog vuur. Voeg de bloem toe en meng goed gedurende 2 minuten. Meng heel langzaam 2 glazen melk en zout naar smaak. Breng aan de kook en kook gedurende 1 minuut, onder voortdurend roeren, tot het dik en glad is. Haal van het vuur. Meng kokos en room.

3.Doe de bloemkool in een keukenmachine of blender. Pureer, voeg indien nodig een beetje saus toe om de puree glad te maken. Doe de puree in de pan met de resterende saus. Meng het goed. Verwarm het een beetje en voeg indien nodig meer melk toe om een dikke soep te maken.

4.Haal van het vuur. Proef en pas op smaak. Meng de kaas en serveer.

Siciliaanse Tomatengerstsoep

Minestra d'Orzo alla Siciliana

Maakt 4 tot 6 porties

In plaats van de kaas te raspen, serveren Sicilianen meestal soep met in kleine stukjes gesneden kaas. Het smelt nooit helemaal in de soep en je proeft in elke hap een beetje van de kaas.

8 kopjes zelfgemaakt<u>kippen bouillon</u>of<u>Vlees water</u>of een mengsel van half in de winkel gekochte bouillon en half water

8 ons Alkmaarse gort, gesorteerd en gespoeld

2 middelgrote tomaten, geschild, ontpit en in stukjes gesneden, of 1 kopje in blokjes gesneden tomaten uit blik

1 selderijrib, fijngehakt

1 middelgrote ui, fijngehakt

Zout en versgemalen zwarte peper

1 kopje gehakte Pecorino Romano

een. Maak indien nodig water klaar. Combineer bouillon, gerst en groenten in een grote pan en breng aan de kook. Kook tot de gerst zacht is, ongeveer 1 uur. Als de soep te dik is, voeg dan water toe.

2. Breng op smaak met peper en zout. Verdeel de soep in kommen, bestrooi met kaas.

Rode Paprika Soep

Zuppa di Peperoni Rossi

Maakt 6 porties

De levendige roodoranje kleur van deze soep is een aantrekkelijk en passend teken van verfrissende, heerlijke smaak. Het is geïnspireerd op een soep die ik proefde bij Il Cibreo, een populaire trattoria in Florence. Ik serveer het graag met hete focaccia.

6 kopjes zelfgemaakt<u>kippen bouillon</u>of een mengsel van half in de winkel gekochte bouillon en half water

2 eetlepels olijfolie

1 middelgrote ui, gehakt

1 selderijrib, in stukjes gesneden

1 wortel, gehakt

5 grote rode paprika's, klokhuis verwijderd en fijngehakt

5 medium gekookte aardappelen, geschild en in stukjes gesneden

2 tomaten, ontpit en in stukjes gesneden

Zout en versgemalen zwarte peper

1 glas water Melk

Vers geraspte Parmigiano-Reggiano

een. Maak indien nodig water klaar. Doe vervolgens de olie in een grote pan. Voeg de ui, bleekselderij en wortel toe. Kook op middelhoog vuur gedurende ongeveer 10 minuten, onder regelmatig roeren, tot de groenten zacht en goudbruin zijn.

2.Voeg de paprika's, aardappelen en tomaten toe en meng goed. Voeg de bouillon toe en laat koken. Zet het vuur lager en laat 30 minuten sudderen of tot de groenten heel zacht zijn.

3.Breng de groenten met een schuimspaan over in een keukenmachine of blender. Pureer tot een gladde massa.

4.Giet de groentepuree in de pan. Verwarm de soep een beetje en roer de melk erdoor. Laat de soep niet koken. Voeg zout en peper naar smaak toe. Serveer warm, bestrooi met kaas.

Fontina, Brood en Koolsoep

Zuppa alla Valpelline

Maakt 6 porties

Een van mijn dierbaarste herinneringen aan Valle d'Aosta is de aromatische fontinakaas en het heerlijke volkorenbrood uit de regio. De kaas wordt gemaakt van koemelk en gerijpt in berggrotten. Om er zeker van te zijn dat je echte fontina krijgt, zoek je naar een kaas met een natuurlijke korst en een naar boven gedrukt bergsilhouet. Gebruik een goed, taai brood voor deze stevige soep. Crinkly Savooiekool heeft een mildere smaak dan de gladbladige variant.

8 kopjes zelfgemaakt<u>Vlees water</u>of een mengsel van halfmarktbouillon en halfwater

2 eetlepels ongezouten boter

1 kleine savooiekool, fijngehakt

Zout

een/4 theelepels versgemalen nootmuskaat

een/4 theelepels gemalen kaneel

Vers gemalen zwarte peper

12 ons Fontina Valle d'Aosta

12 sneetjes knapperig pitloos rogge-, pompoen- of volkorenbrood, geroosterd

een. Maak indien nodig water klaar. Smelt vervolgens de boter in een grote pan. Voeg kool en zout naar smaak toe. Dek af en kook op laag vuur gedurende 30 minuten, af en toe roerend, tot de kool gaar is.

2.Verwarm de oven voor op 350 ° F. Doe de bouillon, nootmuskaat, kaneel, zout en peper in een grote pan en breng op middelhoog vuur aan de kook.

3.Leg 4 sneetjes brood op de bodem van een diepe, 3-kwart ovenvaste braadpan of een diepe, zware pan of bakplaat. Bedek met de helft van de kool en een derde van de kaas. Herhaal met nog een laag brood, kool en kaas. Bedek met het resterende brood. Giet het hete water voorzichtig. Snijd de bewaarde kaas in stukjes en strooi deze over de soep.

4.Bak ongeveer 45 minuten, tot de braadpan bruin is en borrelt. Laat 5 minuten rusten alvorens te serveren.

crème van champignonsoep

Zuppa di Funghi

Maakt 8 porties

Thanksgiving wordt in Italië niet gevierd, maar ik serveer deze romige verse en gedroogde champignonsoep uit Noord-Italië vaak als onderdeel van mijn vakantiemenu.

8 kopjes zelfgemaakt<u>Vlees water</u>of een mengsel van halfmarktbouillon en halfwater

1 ons gedroogde eekhoorntjesbrood

2 kopjes heet water

2 eetlepels ongezouten boter

1 middelgrote ui, fijngehakt

1 teentje knoflook, fijngehakt

1 pond witte champignons, in dunne plakjes gesneden

een/2 glazen droge witte wijn

1 eetlepel tomatenpuree

een/2 kopjes room

Gehakte verse platte peterselie voor garnering

Zout en versgemalen zwarte peper

een. Maak indien nodig water klaar. Leg de eekhoorntjesbrood vervolgens in water en laat 30 minuten weken. Haal de champignons uit de kom en bewaar het vocht. Spoel de champignons af onder koud stromend water en let vooral op de uiteinden van de stelen waar zich aarde heeft opgehoopt. Hak de champignons grof. Zeef het paddenstoelenvocht door een papieren koffiefilter in een kom.

2. Smelt de boter in een grote pan op middelhoog vuur. Voeg de ui en knoflook toe en bak 5 minuten. Roer alle champignons erdoor en kook, af en toe roerend, tot de champignons een beetje goudbruin worden, ongeveer 10 minuten. Voeg zout en peper naar smaak toe.

3. Voeg de wijn toe en breng aan de kook. Meng de bouillon, het champignonvocht en de tomatenpuree. Zet het vuur lager en kook gedurende 30 minuten.

4. Meng de room. Bestrooi met peterselie en serveer direct.

Groentesoep Met Pesto

Minestrone al Pesto

Maakt 6 tot 8 porties

In Ligurië wordt een scheutje geurige pestosaus toegevoegd aan minestronekommen. Het is niet essentieel, maar het komt de smaak van de soep echt ten goede.

een/4 kopjes olijfolie

1 middelgrote ui, gehakt

2 wortelen, in stukjes

2 selderijribben, in stukjes gesneden

4 rijpe tomaten, geschild, ontpit en in stukjes gesneden

1 pond snijbiet of spinazie, gehakt

3 medium gekookte aardappelen, geschild en in stukjes gesneden

3 kleine courgettes, in stukjes

8 ons sperziebonen, in stukjes van 1/2 inch gesneden

8 ons gepelde verse cannellini- of borlottibonen of 2 kopjes uitgelekte, gekookte, gedroogde of ingeblikte bonen

Zout en versgemalen zwarte peper

1 recept_pesto_

4-ounce kleine pastavormen, zoals tubetti of elleboog

een. Giet de olie in een grote pan. Voeg de ui, wortel en bleekselderij toe. Kook op middelhoog vuur gedurende ongeveer 10 minuten, onder regelmatig roeren, tot de groenten zacht en goudbruin zijn.

2.Roer de tomaten, snijbiet, aardappelen, courgette en bonen erdoor. Voeg net genoeg water toe om de groenten te bedekken. Voeg zout en peper naar smaak toe. Kook, af en toe roerend, tot de soep dikker wordt en de groenten zacht zijn, ongeveer 1 uur. Als het te donker is, voeg dan wat water toe.

3.Maak ondertussen eventueel de pesto klaar. Als de soep dikker wordt, voeg je de pasta toe. Kook al roerend ongeveer 10 minuten tot de pasta zacht is. Laat het iets afkoelen. Serveer warm met een kom pesto om op tafel te zetten, of schep de soep in kommen en giet wat pesto in het midden van elke kom.

Eiersoep van Pavia

Zuppa alla Pavese

Maakt 4 porties

Gekookte eieren in bouillon zijn een snel en smakelijk gerecht. De soep is klaar om te serveren als de eiwitten gaar zijn en de dooiers zacht zijn.

2 liter zelfgemaakt<u>Vlees water</u>of een mengsel van half in de winkel gekochte bouillon en half water

4 sneetjes boerenbrood, licht geroosterd

4 grote eieren, op kamertemperatuur

4 tot 6 eetlepels vers geraspte Parmigiano-Reggiano

Zout en versgemalen zwarte peper

een. Maak indien nodig water klaar. Kook het water als het niet vers gemaakt is. Breng op smaak met zout en peper.

2.Zet 4 verwarmde soepkommen klaar. Leg een sneetje toast in elke kom en breek dan een ei op elk sneetje toast.

3. Giet het hete water over de eieren tot een paar centimeter. Bestrooi met kaas. Laat staan tot het eiwit gaar smaakt. Heet opdienen.

Romeinse eierdruppelsoep

Stracciatella

Maakt 4 porties

StracciatellaHet betekent "kleine vodden", verwijzend naar het uiterlijk van de eieren in de soep. Je kunt wat citroensap of nootmuskaat toevoegen om de smaak van de bouillon te versterken.

8 kopjes zelfgemaakt kippen bouillon of een mengsel van half in de winkel gekochte bouillon en half water

3 grote eieren

een/4 kopjes vers geraspte Parmigiano-Reggiano

Zout en versgemalen zwarte peper

1 eetlepel zeer fijngehakte verse bladpeterselie

een. Maak indien nodig water klaar. Als het niet vers is gemaakt, verwarm het water dan tot het kookt.

2. Klop in een kleine kom de eieren, kaas, zout en peper tot ze goed gemengd zijn. Giet het mengsel langzaam in de soep, onder voortdurend roeren met een vork, tot de eieren droog zijn en reepjes vormen. Voeg de peterselie toe en serveer direct.

Vlezige Ei Pannenkoeken

Scrippelle 'mbusse

Maakt 6 porties

geroddel*Het is het Abruzzese dialect voor crêpe of crêpe. Dit zijn dezelfde pannenkoeken gegarneerd met kaas, champignons en tomatensaus.Abruzzese crêpe en champignontimbaleSpecificatie. Hier wordt het gevuld met geraspte kaas en geserveerd in bouillon.*

8 kopjes zelfgemaaktkippen bouillonof een mengsel van half in de winkel gekochte bouillon en half water

12crêpe

een/2 kopjes vers geraspte Parmigiano-Reggiano

2 eetlepels fijngehakte verse Italiaanse platte peterselie

een. Maak indien nodig water klaar. Bereid vervolgens, indien nodig, de pannenkoeken. Strooi wat kaas en peterselie over elke crêpe. Rol de pannenkoeken om de buizen te vormen. Zet 6 verwarmde soepkommen klaar. Doe 2 tubes in elke kom.

2.Als het niet heet is, verwarm het water dan tot het kookt. Giet de hete bouillon in crêpebuizen en serveer onmiddellijk.

Taart met griesmeel in bouillon

Frittatine di Semola in Brodo

Maakt 6 porties

Tijdens een formeel diner in een chique Italiaans restaurant in New York sprak ik met mijn vriend Tony Mazzola over het voedsel dat we als kinderen aten. Tony vertelde me over de eenvoudige soep die zijn moeder, Lydia, die uit Sicilië kwam, serveerde. Terwijl we onze parelhoenders en risotto aten, overgoten met heerlijke wijnen met daarop zeldzame en dure witte truffels, beschreef ze deze geruststellende soep van heerlijke kleine pasteitjes van griesmeel en kaas in kippenbouillon. Haar moeder serveerde het alleen met Kerstmis en Oud en Nieuw, omdat ze zei dat de eenvoud ervan goed voor je is na al die rijke feestdagenmaaltijden. Een paar dagen later was het chique gerecht bijna vergeten, maar ik kon niet wachten om Tony's soep te proberen. Dit is het recept dat hij en zijn zus Emilia hebben weten te recreëren.

Vergeet niet dat de pan lichtjes wordt ingesmeerd met olijfolie voordat de beignets gebakken worden. Meer hoeft u niet te gebruiken. De beignets worden bruin en behouden hun vorm beter met minder olie.

6 kopjes zelfgemaakt<u>kippen bouillon</u>of een mengsel van half in de winkel gekochte bouillon en half water

2 1/2 kopjes water

1 theelepel zout

1 kopje fijngemalen griesmeel

1 groot ei, losgeklopt

1 kopje vers geraspte Parmigiano-Reggiano

2 eetlepels gehakte verse bladpeterselie

Vers gemalen zwarte peper

olijfolie

een. Maak indien nodig water klaar. Breng vervolgens het water aan de kook in een middelgrote pan op middelhoog vuur. Klop het griesmeel en zout los. Zet het vuur laag en kook, al roerend, ongeveer 2 minuten, tot het griesmeel dikker wordt.

2.Haal de pan van het vuur. Klop eieren, kaas, peterselie en peper naar smaak.

3.Bekleed een bakplaat met een stuk plasticfolie. Schraap het griesmeelmengsel op het plastic en verdeel het tot een dikte van

1/2 inch. Laat minimaal 30 minuten afkoelen tot kamertemperatuur. Onmiddellijk gebruiken of afdekken met plasticfolie en maximaal 24 uur in de koelkast bewaren.

4. Snijd het griesmeelmengsel vlak voor het opdienen in hapklare stukjes. Bestrijk een grote koekenpan met anti-aanbaklaag met olijfolie en verwarm de pan op middelhoog vuur. Voeg genoeg stukjes griesmeel toe om comfortabel in een enkele laag te passen zonder te verdringen. Bak tot ze goudbruin zijn, ongeveer 4 tot 5 minuten. Draai de stukken om en bak de andere kant nog ongeveer 4 tot 5 minuten. Schep de stukjes op een bord. Afdekken met folie en warm houden. Bak de resterende stukjes griesmeel op dezelfde manier.

5. Kook ondertussen het water. Verdeel de griesmeelbeignets over 4 kommen. Lepel over de soep. Serveer nu.

DESSERTS

wafel koekjes

pizza

Maakt ongeveer 2 dozijn

Veel gezinnen in Midden- en Zuid-Italië zijn trots op hun pizzelle-ijzers, de prachtig vervaardigde vormen die traditioneel worden gebruikt om deze prachtige wafels te maken. Sommige strijkijzers hebben een reliëf met de initialen van de oorspronkelijke eigenaar, terwijl andere silhouetten hebben, zoals een paar dat roostert met een glas wijn. Ze waren ooit een typisch huwelijkscadeau.

Hoewel charmant, zijn deze ouderwetse strijkijzers zwaar en omvangrijk op de hedendaagse fornuizen. Een elektrische pizzapers, vergelijkbaar met een wafelijzer, verwijdert deze koekjes efficiënt en snel.

Als pizzelle vers wordt gemaakt, is het flexibel en kan het worden gevormd tot kegels, tubes of kopjes. Ze kunnen worden gevuld met slagroom, ijs, cannoli-crème of fruit. Ze koelen snel af en worden krokant, dus je moet snel en zorgvuldig werken om ze vorm te geven. Natuurlijk zijn het ook goede appartementen.

13/4 kopjes ongebleekt bloem voor alle doeleinden

1 theelepel bakpoeder

snufje zout

3 grote eieren

²/3 kopjes suiker

1 eetlepel puur vanille-extract

1 stok (1/2 kop) ongezouten boter, gesmolten en afgekoeld

een. Verwarm de pizzamaker voor volgens de instructies van de fabrikant. Meng bloem, bakpoeder en zout in een kom.

2.Klop in een grote kom de eieren, suiker en vanille met een elektrische mixer op gemiddelde snelheid tot ze dik en licht zijn, ongeveer 4 minuten. Klop met boter. Meng de droge ingrediënten ongeveer 1 minuut tot ze net gemengd zijn.

3.Schep ongeveer 1 eetlepel beslag in het midden van elke pizzavorm. (De exacte hoeveelheid hangt af van het ontwerp van de pan.) Dek af en kook tot ze licht goudbruin zijn. Dit hangt af van de fabrikant en hoe lang de mal al aan het opwarmen is. Controleer zorgvuldig na 30 seconden.

4.Als de pizza goudbruin is, haal je hem uit de vormen met een houten of plastic spatel. Laat afkoelen op een plat rooster. Of draai elke pizza in de vouw van een grote koffie- of dessertbeker om koekjesbekers te maken. Om cannolischelpen te maken, vormt u ze rond cannolibuizen of een houten deuvel.

5. Zodra de pizza is afgekoeld en krokant, bewaar je hem in een luchtdichte verpakking tot gebruik. Deze duren enkele weken.

Variatie: Anijs: Vervang 1 eetlepel anijsextract en 1 eetlepel anijszaad in plaats van vanille. Sinaasappel of Citroen: Voeg 1 eetlepel geraspte verse sinaasappel- of citroenschil toe aan het eimengsel. Rum of Amandel: Meng in plaats van vanille 1 eetlepel rum of amandelextract. Noten: Meng 1/4 kopje noten met bloem tot het een heel fijn poeder wordt.

zoete ravioli

Ravioli Dolci

Maakt 2 dozijn

Jam vult deze knapperige, zoete ravioli. Elke smaak is geschikt, zolang het maar een dikke consistentie heeft, zodat het op zijn plaats blijft en niet uit het deeg sijpelt tijdens het bakken. Dit was het favoriete recept van mijn vader, dat hij perfectioneerde op basis van zijn herinneringen aan de koekjes die zijn moeder maakte.

13/4 kopjes bloem voor alle doeleinden

een/2 kopjes aardappel of maizena

een/2 theelepels zout

een/2 kopjes (1 stokje) ongezouten boter, op kamertemperatuur

een/2 kopjes suiker

1 groot ei

2 eetlepels rum of cognac

1 theelepel geraspte citroenschil

1 theelepel puur vanille-extract

1 kopje dikke kersen-, frambozen- of abrikozenjam

een. Zeef de bloem, het zetmeel en het zout in een grote kom.

2.Klop in een grote kom met een elektrische mixer de boter met de suiker licht en luchtig, ongeveer 2 minuten. Klop eieren, rum, schil en vanille. Meng droge ingrediënten op lage snelheid.

3.Verdeel het deeg doormidden. Maak van elke halve schijf een schijfje. Wikkel elk afzonderlijk in plastic en zet het een nacht in de koelkast gedurende maximaal 1 uur.

4.Verwarm de oven voor op 350 ° F. Vet 2 grote bakplaten in.

5.Rol het deeg uit tot een dikte van 1/8 inch. Snijd het deeg in vierkanten van 2 inch met een sleufdeeg of pastasnijder. Schik de vierkanten ongeveer 1 inch uit elkaar op de voorbereide bakplaten. Plaats 1/2 theelepel jam in het midden van elk vierkant. (Gebruik geen jam meer, anders lekt de vulling eruit tijdens het koken.)

6.Rol het resterende deeg uit tot een dikte van 1/8 inch. Snijd het deeg in vierkanten van 2 inch.

7. Bedek de jam met deegvierkanten. Druk met een vork op de randen om de vulling te verzegelen.

8. Bak gedurende 16 tot 18 minuten of tot ze lichtbruin zijn. Bereid een 2-draads koelrek voor.

9. Breng de bakplaten over naar de rekken. Laat de koekjes 5 minuten op de bakplaat afkoelen en leg ze dan op een rooster om volledig af te koelen. Strooi er poedersuiker over. Bewaar in een luchtdichte verpakking maximaal 1 week.

"Lelijke maar goede" koekjes

Brutti ma Buoni

Maakt 2 dozijn

"Lelijk maar goed" is de betekenis van de naam van deze Piemontese koekjes. De naam is maar half waar: Cookies zijn niet lelijk, maar ze zijn goed. De techniek om deze te maken is ongebruikelijk. Koekjesdeeg wordt voor het bakken in een pan gebakken.

3 grote eiwitten, op kamertemperatuur

snufje zout

1 1/2 kopjes suiker

1 kop ongezoet cacaopoeder

1 1/4 kopjes hazelnoten, geroosterd, gepeld en grof gehakt (zie Afb. Hoe maak je notentoast en schelpen?)

een. Verwarm de oven voor op 300 ° F. Vet 2 grote bakplaten in.

2. Klop in een grote kom de eiwitten en het zout met een elektrische mixer op gemiddelde snelheid schuimig. Verhoog de snelheid en voeg geleidelijk suiker toe. Klop tot er zich zachte pieken vormen wanneer de garde wordt opgetild.

3. Mix de cacao op lage snelheid. Meng de noten.

4. Schraap het mengsel in een grote, zware pan. Kook op middelhoog vuur, onder voortdurend roeren met een houten lepel, tot het mengsel glanzend en glad is, ongeveer 5 minuten. Pas op dat u niet verbrandt.

5. Giet onmiddellijk eetlepels heet deeg op de voorbereide bakplaat. Bak gedurende 30 minuten of tot stevig en licht gebarsten op het oppervlak.

6. Terwijl de koekjes nog warm zijn, breng je ze over naar een rek om af te koelen met behulp van een metalen spatel met fijne punt. Bewaar in een luchtdichte verpakking maximaal 2 weken.

Dubbele Chocolade Hazelnoot Biscotti

Biscotti al Cioccolato

Maakt 4 dozijn

Dit rijke koekjesdeeg bevat zowel gesmolten als grove chocolade. Ik heb ze nog nooit in Italië gezien, maar ze lijken op wat ik hier in koffiebars heb geproefd.

21/2 kopjes bloem voor alle doeleinden

2 theelepels bakpoeder

een/2 theelepels zout

3 grote eieren, op kamertemperatuur

1 glas suiker

1 theelepel puur vanille-extract

6 ons donkere chocolade, gesmolten en gekoeld

6 eetlepels (1/2 stokjes plus 2 eetlepels) ongezouten boter, gesmolten en afgekoeld

1 kop walnoten, grof gehakt

1 kop chocoladeschilfers

een. Plaats een rek in het midden van de oven. Verwarm de oven voor op 300 ° F. Vet en bebloem 2 grote bakplaten.

2.Zeef de bloem, het bakpoeder en het zout in een grote kom.

3.Klop in een grote kom de eieren, suiker en vanille met een elektrische mixer op gemiddelde snelheid tot schuimig en licht, ongeveer 2 minuten. Roer tot de chocolade en boter gemengd zijn. Voeg het bloemmengsel toe en mix nog ongeveer 1 minuut tot een gladde massa. Roer de hazelnoten en chocoladeschilfers erdoor.

4.Verdeel het deeg doormidden. Vorm met vochtige handen elk stuk tot een blok van 12 × 3 inch op de voorbereide bakplaat. Bak gedurende 35 minuten of tot de blokken stevig zijn wanneer ze in het midden worden ingedrukt. Haal de pan uit de oven, maar zet het vuur niet uit. Laat het 10 minuten afkoelen.

5.Schuif de boomstammen op een snijplank. Snijd de boomstammen in plakjes van 1/2 inch dik. Leg de plakjes op de bakplaat. Bak gedurende 10 minuten of tot de koekjes lichtbruin zijn.

6. Zet 2 grote koelrekken klaar. Breng de bakplaten over naar de rekken. Laat de koekjes 5 minuten op de bakplaat afkoelen en leg ze dan op een rek om volledig af te koelen. Bewaar in een luchtdichte verpakking maximaal 2 weken.

chocolade kusjes

Baci di Cioccolato

Maakt 3 dozijn

"Kusjes" van chocolade en vanille zijn favoriet in Verona, de thuisbasis van Romeo en Julia, waar ze in verschillende combinaties worden gemaakt.

12/3 kopjes bloem voor alle doeleinden

een/3 kopjes ongezoet Nederlands cacaopoeder, gezeefd

een/4 theelepel zout

1 kop (2 stokjes) ongezouten boter, op kamertemperatuur

een/2 kopjes poedersuiker

1 theelepel puur vanille-extract

een/2 kopjes fijngehakte geroosterde amandelen (zie Fig. Hoe maak je notentoast en schelpen?)

vulling

2 ons halfzoete of bitterzoete chocolade, gehakt

2 eetlepels ongezouten boter

een/3 kopjes amandelen, geroosterd en fijngehakt

een. Zeef de bloem, cacao en zout in een grote kom.

2. Klop in een grote kom met een elektrische mixer op gemiddelde snelheid de boter en suiker licht en luchtig, ongeveer 2 minuten. Klop vanille erdoor. Roer de droge ingrediënten en amandelen nog ongeveer 1 minuut tot ze gemengd zijn. Dek af met plastic en zet een nacht in de koelkast gedurende maximaal 1 uur.

3. Verwarm de oven voor op 350 ° F. Zet 2 niet-ingevette bakplaten klaar. Rol theelepels deeg in balletjes van 3/4 inch. Schik de ballen 1 inch uit elkaar op de bakplaat. Druk met je vingers om de balletjes iets plat te drukken. Bak de koekjes tot ze stevig maar niet bruin zijn, 10 tot 12 minuten. Zet 2 grote koelrekken klaar.

4. Breng de bakplaten over naar de rekken. Laat de koekjes 5 minuten op de bakplaat afkoelen en leg ze dan op een rek om volledig af te koelen.

5. Breng ongeveer 5 cm water aan de kook in de onderste helft van een dubbele ketel of kleine steelpan. Plaats de chocolade en boter in de bovenste helft van de dubbele boiler of in een kleine hittebestendige kom die goed over de steelpan past. Plaats de kom boven het kokende water. Laat het afgedekt staan tot de chocolade zacht wordt. Mixen tot een gladde substantie. Meng de amandelen.

6. Verdeel een kleine hoeveelheid van het vullingmengsel over de bodem van een koekje. Leg een tweede koekje met de onderkant naar beneden op de vulling en druk lichtjes aan. Plaats de koekjes op een rooster tot de vulling gestold is. Herhaal met de resterende koekjes en vulling. Bewaar in een luchtdichte verpakking maximaal 1 week in de koelkast.

Chocolade zonder oven "Salame"

Salame del Cioccolato

Maakt 32 koekjes

Krokante stukjes chocoladehazelnoot die niet gebakken hoeven te worden, zijn een specialiteit van Piemonte. Andere cookies kunnen worden gebruikt in plaats van amaretti als je dat liever hebt, zoals vanille- of chocoladewafels, graham crackers of zandkoekjes. Deze kun je het beste een paar dagen van tevoren maken, zodat de smaken zich kunnen vermengen. Als u de likeur niet wilt gebruiken, kunt u deze vervangen door een lepel sinaasappelsap.

18 amarettikoekjes

een/3 kopjes suiker

een/3 kopjes ongezoet cacaopoeder

een/2 kopjes (1 stok) ongezouten boter, verzacht

1 eetlepel grappa of rum

een/3 kopjes geplette walnoten

een. Doe de koekjes in een plastic zak. Plet de koekjes met een deegroller of een zwaar voorwerp. Je zou ongeveer 3/4 kopjes kruimels moeten hebben.

2.Doe de kruimels in een grote kom. Meng de suiker en cacao met een houten lepel. Voeg de boter en grappa toe. Roer tot de droge ingrediënten nat en gemengd zijn. Meng walnoten.

3.Leg een 14-inch laag plastic folie op een vlakke ondergrond. Giet het deegmengsel over de plastic folie. Vorm het deeg in een blok van 8 × 21/2-inch. Wikkel het blok in plasticfolie en vouw de uiteinden om ze volledig te bedekken. Zet het blok minimaal 24 uur en maximaal 3 dagen in de koelkast.

4.Snijd het blok in plakjes van 1/4 inch dik. Gekoelde bediening. Bewaar koekjes maximaal 2 weken in een luchtdichte plastic container in de koelkast.

prato koekje

Biscotti di Prato

Maakt ongeveer 4 1/2 dozijn

In de Toscaanse stad Prato zijn dit klassieke koekjes om te dippen in vin santo, de heerlijke dessertwijn van de regio. Gewoon gegeten, ze zijn behoorlijk droog, dus zorg voor een drankje om ze in te dippen.

2 1/2 kopjes bloem voor alle doeleinden

1 1/2 theelepels bakpoeder

1 theelepel zout

4 grote eieren

3/4 kopjes suiker

1 theelepel geraspte citroenschil

1 theelepel geraspte sinaasappelschil

1 theelepel puur vanille-extract

1 kopje geroosterde amandelen (zieHoe maak je notentoast en schelpen?)

een. Plaats een rek in het midden van de oven. Verwarm de oven voor op 325 ° F. Vet en bebloem een grote bakplaat.

2. Zeef de bloem, het bakpoeder en het zout in een middelgrote kom.

3. Klop in een grote kom met een elektrische mixer de eieren en suiker op gemiddelde snelheid tot ze licht en schuimig zijn, ongeveer 3 minuten. Klop de citroen- en sinaasappelschil en vanille erdoor. Meng droge ingrediënten op lage snelheid en roer dan de amandelen erdoor.

4. Maak je handen een beetje nat. Vorm het deeg in twee blokken van 14 × 2 inch. Plaats de blokken een paar centimeter uit elkaar op de voorbereide bakplaat. Bak gedurende 30 minuten of tot ze stevig en goudbruin zijn.

5. Haal de bakplaat uit de oven en verlaag de oventemperatuur tot 300°F. Laat de blokken 20 minuten afkoelen op de bakplaat.

6. Schuif de boomstammen op een snijplank. Snijd met een groot, zwaar koksmes de boomstammen diagonaal in plakjes van 1/2 inch dik. Leg de plakjes op de bakplaat. Bak gedurende 20 minuten of tot licht goudbruin.

7. Breng de koekjes over naar roosters om af te koelen. Bewaar in een luchtdichte container.

Umbrische Fruit en Noten Biscotti

afgestoft

maakt 80

Deze koekjes, gemaakt zonder olie, worden lange tijd bewaard in een luchtdichte verpakking. De smaak ontwikkelt zich eigenlijk, dus plan ze een paar dagen voor het opdienen te maken.

3 kopjes bloem voor alle doeleinden

een/2 kopjes maizena

2 theelepels bakpoeder

3 grote eieren

3 eierdooiers

2 eetlepels Marsala, vin santo of sherry

1 glas suiker

1 kopje rozijnen

1 kopje amandelen

een/4 kopjes gehakte gekonfijte sinaasappelschil

een/4 kopjes gehakte citroen

1 theelepel anijszaadjes

een. Verwarm de oven voor op 350 ° F. Vet 2 grote bakplaten in.

2.Zeef de bloem, maizena en bakpoeder in een middelgrote kom.

3.Klop in een grote kom met een elektrische mixer de eieren, dooiers en Marsala los. Voeg de suiker toe en klop ongeveer 3 minuten tot alles goed gemengd is. Roer de droge ingrediënten, rozijnen, amandelen, schors, citroen en anijszaad tot een mengsel. Het deeg zal taai zijn. Leg het deeg indien nodig op het aanrecht en kneed het tot het gemengd is.

4.Verdeel het deeg in vieren. Bevochtig uw handen met koud water en rol elk kwart in een blok van 10 inch. Leg de blokken 5 cm uit elkaar op de voorbereide bakplaten.

5.Bak de blokken 20 minuten, of tot ze stevig zijn als ze in het midden worden ingedrukt en goudbruin aan de randen. Haal de houtblokken uit de oven, maar laat de oven aan staan. Laat de blokken 5 minuten afkoelen op bakplaten.

6. Schuif de boomstammen op een snijplank. Snijd met een groot koksmes in plakjes van 1/2 inch dik. Leg de plakjes op de bakplaat en bak ze 10 minuten of tot ze lichtbruin zijn.

7. Zet 2 grote koelrekken klaar. Cookies overbrengen naar rekken. Laat het volledig afkoelen. Bewaar in een luchtdichte verpakking maximaal 2 weken.

Boter Ringen

bussolai

maakt 36

Deze Venetiaanse koekjes zijn gemakkelijk te maken en een traktatie om mee naar huis te nemen voor een middagsnack of wanneer er gasten langskomen.

1 glas suiker

een/2 kopjes (1 stokje) ongezouten boter, op kamertemperatuur

3 grote eierdooiers

1 theelepel geraspte citroenschil

1 theelepel geraspte sinaasappelschil

1 theelepel puur vanille-extract

2 kopjes All-purpose Flour

een/2 theelepels zout

1 eiwit, opgeklopt tot schuim

een. Houd 1/3 kopje suiker apart.

2. Klop in de grote kom van een elektrische mixer de boter met de resterende 2/3 kopjes suiker op gemiddelde snelheid tot licht en luchtig, ongeveer 2 minuten. Klop de eidooiers één voor één los. Voeg de citroen- en sinaasappelschil en het vanille-extract toe en klop tot een gladde massa, schraap de zijkanten van de kom, nog ongeveer 2 minuten.

3. Roer de bloem en het zout tot alles goed gemengd is. Vorm het deeg tot een bal. Wikkel in plasticfolie en zet een nacht in de koelkast gedurende maximaal 1 uur.

4. Verwarm de oven voor op 325 ° F. Vet 2 grote bakplaten in. Snijd het deeg in 6 delen. Verdeel elk stuk weer in 6 stukken. Rol elk stuk in een snaar van 4 inch, vorm een ring en knijp de uiteinden dicht. Schik de ringen 1 inch uit elkaar op de voorbereide bakplaten. Bestrijk lichtjes met eiwit en besprenkel met gereserveerde 1/3 kopjes suiker.

5. Bak gedurende 15 minuten of tot ze lichtbruin zijn. Bereid een 2-draads koelrek voor.

6. Breng de bakplaten over naar de rekken. Laat de koekjes 5 minuten op de bakplaat afkoelen en leg ze dan op een rooster om volledig af te koelen. Bewaar in een luchtdichte verpakking maximaal 2 weken.

citroen knopen

Tarralucci

maakt 40

Elke Italiaanse bakkerij in Brooklyn, New York maakte deze verfrissende Siciliaanse citroenkoekjes toen ik opgroeide. Ik serveer ze graag ijsthee.

Als het weer warm en vochtig is, kan het glazuur weigeren op kamertemperatuur te komen. Bewaar de koekjes in dit geval in de koelkast.

4 kopjes bloem voor alle doeleinden

4 theelepels bakpoeder

1 glas suiker

een/2 kopjes plantaardig bakvet

3 grote eieren

een/2 kopjes melk

2 eetlepels citroensap

2 theelepels geraspte citroenschil

ijskap

11/2 kopjes poedersuiker

1 eetlepel vers geperst citroensap

2 theelepels geraspte citroenschil

Melk

een. Zeef de bloem en het bakpoeder op een stuk vetvrij papier.

2.Klop in een grote kom de suiker met een elektrische mixer op gemiddelde snelheid en klop tot licht en luchtig, ongeveer 2 minuten. Klop de eieren één voor één tot ze goed gemengd zijn. Voeg de melk, het citroensap en de schil toe en meng. Schraap de zijkanten van de kom schoon. Meng droge ingrediënten tot een gladde massa, ongeveer 2 minuten. Dek af met plastic folie en zet minimaal 1 uur in de koelkast.

3.Verwarm de oven voor op 350 ° F. Zet 2 grote bakplaten klaar. Breek een stuk deeg ter grootte van een golfbal af. Rol het deeg voorzichtig in een snaar van 6 inch. Bind het touw in een knoop. Leg de knoop op een niet-ingevette bakplaat. Ga door met het maken van knopen en plaats ze ongeveer 2,5 cm uit elkaar op de vellen.

4. Bak de koekjes 12 minuten, of tot ze stevig zijn als ze niet worden ingedrukt en bruin worden. Bereid een 2-draads koelrek voor.

5. Breng de bakplaten over naar de rekken. Laat de koekjes 5 minuten op de bakplaat afkoelen en leg ze dan op een rooster om volledig af te koelen.

6. Combineer banketbakkerssuiker, citroensap en schil in een grote kom. Voeg melk 1 theelepel per keer toe en mix tot het mengsel een dikke, romige, dunne frosting vormt.

7. Doop de bovenkant van de koekjes in de room. Leg ze op een rooster tot het glazuur hard wordt. Bewaar in luchtdichte containers voor maximaal 3 dagen.

pittige koekjes

Bicciolani

maakt 75

In cafés in Turijn kun je barbajada bestellen, dat bestaat uit half koffie en half warme chocolademelk. Het zou perfect zijn met deze dunne, boterachtige gekruide koekjes.

1 kop (2 stokjes) ongezouten boter, op kamertemperatuur

1 glas suiker

1 eigeel

2 kopjes All-purpose Flour

een/2 theelepels zout

1 theelepel gemalen kaneel

een/8 theelepels vers geraspte kokos

een/8 theelepels gemalen kruidnagel

een. Verwarm de oven voor op 350 ° F. Vet een jelly roll-pan van 15 × 10 × 1 inch in.

2. Meng bloem, zout en kruiden in een kom.

3. Klop in de kom van een grote elektrische mixer de boter, suiker en eierdooiers op gemiddelde snelheid tot ze licht en luchtig zijn, ongeveer 2 minuten. Verlaag de snelheid en mix de droge ingrediënten nog ongeveer 2 minuten totdat ze goed gemengd zijn.

4. Versnipper het deeg in de voorbereide pan. Druk het deeg stevig met je handen tot een gelijkmatige laag. Maak ondiepe ribbels aan de bovenkant van het deeg met de achterkant van een vork.

5. Bak gedurende 25 tot 30 minuten of tot ze lichtbruin zijn. Breng de pan over naar een draadkoelrek. Koel gedurende 10 minuten. Snijd het deeg vervolgens in koekjes van 2 × 1 inch.

6. Koel volledig af in de pan. Bewaar bij kamertemperatuur in een luchtdichte verpakking gedurende maximaal 2 weken.

wafel koekjes

pizza

Maakt ongeveer 2 dozijn

Veel gezinnen in Midden- en Zuid-Italië zijn trots op hun pizzelleijzers, de prachtig vervaardigde vormen die traditioneel worden gebruikt om deze prachtige wafels te maken. Sommige strijkijzers hebben een reliëf met de initialen van de oorspronkelijke eigenaar, terwijl andere silhouetten hebben, zoals een paar dat roostert met een glas wijn. Ze waren ooit een typisch huwelijkscadeau.

Hoewel charmant, zijn deze ouderwetse strijkijzers zwaar en omvangrijk op de hedendaagse fornuizen. Een elektrische pizzapers, vergelijkbaar met een wafelijzer, verwijdert deze koekjes efficiënt en snel.

Als pizzelle vers wordt gemaakt, is het flexibel en kan het worden gevormd tot kegels, tubes of kopjes. Ze kunnen worden gevuld met slagroom, ijs, cannoli-crème of fruit. Ze koelen snel af en worden krokant, dus je moet snel en zorgvuldig werken om ze vorm te geven. Natuurlijk zijn het ook goede appartementen.

13/4 kopjes ongebleekt bloem voor alle doeleinden

1 theelepel bakpoeder

snufje zout

3 grote eieren

²/3 kopjes suiker

1 eetlepel puur vanille-extract

1 stok (1/2 kop) ongezouten boter, gesmolten en afgekoeld

een. Verwarm de pizzamaker voor volgens de instructies van de fabrikant. Meng bloem, bakpoeder en zout in een kom.

2.Klop in een grote kom de eieren, suiker en vanille met een elektrische mixer op gemiddelde snelheid tot ze dik en licht zijn, ongeveer 4 minuten. Klop met boter. Meng de droge ingrediënten ongeveer 1 minuut tot ze net gemengd zijn.

3.Schep ongeveer 1 eetlepel beslag in het midden van elke pizzavorm. (De exacte hoeveelheid hangt af van het ontwerp van de pan.) Dek af en kook tot ze licht goudbruin zijn. Dit hangt af van de fabrikant en hoe lang de mal al aan het opwarmen is. Controleer zorgvuldig na 30 seconden.

4.Als de pizza goudbruin is, haal je hem uit de vormen met een houten of plastic spatel. Laat afkoelen op een plat rooster. Of draai elke pizza in de vouw van een grote koffie- of dessertbeker om koekjesbekers te maken. Om cannolischelpen te maken, vormt u ze rond cannolibuizen of een houten deuvel.

5. Zodra de pizza is afgekoeld en krokant, bewaar je hem in een luchtdichte verpakking tot gebruik. Deze duren enkele weken.

Variatie: Anijs: Vervang 1 eetlepel anijsextract en 1 eetlepel anijszaad in plaats van vanille. Sinaasappel of Citroen: Voeg 1 eetlepel geraspte verse sinaasappel- of citroenschil toe aan het eimengsel. Rum of Amandel: Meng in plaats van vanille 1 eetlepel rum of amandelextract. Noten: Meng 1/4 kopje noten met bloem tot het een heel fijn poeder wordt.

zoete ravioli

Ravioli Dolci

Maakt 2 dozijn

Jam vult deze knapperige, zoete ravioli. Elke smaak is geschikt, zolang het maar een dikke consistentie heeft, zodat het op zijn plaats blijft en niet uit het deeg sijpelt tijdens het bakken. Dit was het favoriete recept van mijn vader, dat hij perfectioneerde op basis van zijn herinneringen aan de koekjes die zijn moeder maakte.

13/4 kopjes bloem voor alle doeleinden

een/2 kopjes aardappel of maizena

een/2 theelepels zout

een/2 kopjes (1 stokje) ongezouten boter, op kamertemperatuur

een/2 kopjes suiker

1 groot ei

2 eetlepels rum of cognac

1 theelepel geraspte citroenschil

1 theelepel puur vanille-extract

1 kopje dikke kersen-, frambozen- of abrikozenjam

een. Zeef de bloem, het zetmeel en het zout in een grote kom.

2.Klop in een grote kom met een elektrische mixer de boter met de suiker licht en luchtig, ongeveer 2 minuten. Klop eieren, rum, schil en vanille. Meng droge ingrediënten op lage snelheid.

3.Verdeel het deeg doormidden. Maak van elke halve schijf een schijfje. Wikkel elk afzonderlijk in plastic en zet het een nacht in de koelkast gedurende maximaal 1 uur.

4.Verwarm de oven voor op 350 ° F. Vet 2 grote bakplaten in.

5.Rol het deeg uit tot een dikte van 1/8 inch. Snijd het deeg in vierkanten van 2 inch met een sleufdeeg of pastasnijder. Schik de vierkanten ongeveer 1 inch uit elkaar op de voorbereide bakplaten. Plaats 1/2 theelepel jam in het midden van elk vierkant. (Gebruik geen jam meer, anders lekt de vulling eruit tijdens het koken.)

6.Rol het resterende deeg uit tot een dikte van 1/8 inch. Snijd het deeg in vierkanten van 2 inch.

7. Bedek de jam met deegvierkanten. Druk met een vork op de randen om de vulling te verzegelen.

8. Bak gedurende 16 tot 18 minuten of tot ze lichtbruin zijn. Bereid een 2-draads koelrek voor.

9. Breng de bakplaten over naar de rekken. Laat de koekjes 5 minuten op de bakplaat afkoelen en leg ze dan op een rooster om volledig af te koelen. Strooi er poedersuiker over. Bewaar in een luchtdichte verpakking maximaal 1 week.

"Lelijke maar goede" koekjes

Brutti ma Buoni

Maakt 2 dozijn

"Lelijk maar goed" is de betekenis van de naam van deze Piemontese koekjes. De naam is maar half waar: Cookies zijn niet lelijk, maar ze zijn goed. De techniek om deze te maken is ongebruikelijk. Koekjesdeeg wordt voor het bakken in een pan gebakken.

3 grote eiwitten, op kamertemperatuur

snufje zout

1 1/2 kopjes suiker

1 kop ongezoet cacaopoeder

1 1/4 kopjes hazelnoten, geroosterd, gepeld en grof gehakt (zie Afb.Hoe maak je notentoast en schelpen?)

een. Verwarm de oven voor op 300 ° F. Vet 2 grote bakplaten in.

2. Klop in een grote kom de eiwitten en het zout met een elektrische mixer op gemiddelde snelheid schuimig. Verhoog de snelheid en voeg geleidelijk suiker toe. Klop tot er zich zachte pieken vormen wanneer de garde wordt opgetild.

3. Mix de cacao op lage snelheid. Meng de noten.

4. Schraap het mengsel in een grote, zware pan. Kook op middelhoog vuur, onder voortdurend roeren met een houten lepel, tot het mengsel glanzend en glad is, ongeveer 5 minuten. Pas op dat u niet verbrandt.

5. Giet onmiddellijk eetlepels heet deeg op de voorbereide bakplaat. Bak gedurende 30 minuten of tot stevig en licht gebarsten op het oppervlak.

6. Terwijl de koekjes nog warm zijn, breng je ze over naar een rek om af te koelen met behulp van een metalen spatel met fijne punt. Bewaar in een luchtdichte verpakking maximaal 2 weken.

Knelpunten

Biscotti van marmelade

maakt 40

Chocolade, hazelnoot en jam vormen een winnende combinatie in deze heerlijke koekjes. Ze zijn altijd een hit op kerstkoekjesbakjes.

3/4 kopjes (1 1/2 sticks) ongezouten boter, op kamertemperatuur

een/2 kopjes suiker

een/2 theelepels zout

3 ons donkere chocolade, gesmolten en gekoeld

2 kopjes All-purpose Flour

3/4 kopjes fijngehakte amandelen

een/2 kopjes dikke pitloze frambozenjam

een. Verwarm de oven voor op 350 ° F. Vet 2 grote bakplaten in.

2. Klop in een grote kom boter, suiker en zout met een elektrische mixer op gemiddelde snelheid tot licht en luchtig, ongeveer 2 minuten. Voeg de gesmolten chocolade toe en klop tot alles goed gemengd is, waarbij je de zijkanten van de kom schraapt. Meng de bloem tot een gladde massa.

3. Doe de noten in een ondiepe kom. Vorm het deeg in ballen van 1 inch. Rol de balletjes in de noten en druk ze lichtjes aan om ze vast te plakken. Schik de ballen ongeveer 1½ inch uit elkaar op de voorbereide bakplaten.

4. Maak met het handvat van een houten lepel een diep gat in elke deegbal en kneed het deeg rond het handvat om de afgeronde vorm te behouden. Doe ongeveer 1/4 theelepel jam op elk koekje. (Voeg geen jam meer toe, omdat de koekjes tijdens het bakken kunnen smelten en morsen.)

5. Bak de koekjes 18 tot 20 minuten of tot de jam borrelt en de koekjes lichtbruin zijn. Bereid een 2-draads koelrek voor.

6. Breng de bakplaten over naar de rekken. Laat de koekjes 5 minuten op de bakplaat afkoelen en leg ze dan op een rooster om volledig af te koelen. Bewaar in een luchtdichte verpakking maximaal 2 weken.

Dubbele Chocolade Hazelnoot Biscotti

Biscotti al Cioccolato

Maakt 4 dozijn

Dit rijke koekjesdeeg bevat zowel gesmolten als grove chocolade. Ik heb ze nog nooit in Italië gezien, maar ze lijken op wat ik hier in koffiebars heb geproefd.

21/2 kopjes bloem voor alle doeleinden

2 theelepels bakpoeder

een/2 theelepels zout

3 grote eieren, op kamertemperatuur

1 glas suiker

1 theelepel puur vanille-extract

6 ons donkere chocolade, gesmolten en gekoeld

6 eetlepels (1/2 stokjes plus 2 eetlepels) ongezouten boter, gesmolten en afgekoeld

1 kop walnoten, grof gehakt

1 kop chocoladeschilfers

een. Plaats een rek in het midden van de oven. Verwarm de oven voor op 300 ° F. Vet en bebloem 2 grote bakplaten.

2.Zeef de bloem, het bakpoeder en het zout in een grote kom.

3.Klop in een grote kom de eieren, suiker en vanille met een elektrische mixer op gemiddelde snelheid tot schuimig en licht, ongeveer 2 minuten. Roer tot de chocolade en boter gemengd zijn. Voeg het bloemmengsel toe en mix nog ongeveer 1 minuut tot een gladde massa. Roer de hazelnoten en chocoladeschilfers erdoor.

4.Verdeel het deeg doormidden. Vorm met vochtige handen elk stuk tot een blok van 12 × 3 inch op de voorbereide bakplaat. Bak gedurende 35 minuten of tot de blokken stevig zijn wanneer ze in het midden worden ingedrukt. Haal de pan uit de oven, maar zet het vuur niet uit. Laat het 10 minuten afkoelen.

5.Schuif de boomstammen op een snijplank. Snijd de boomstammen in plakjes van 1/2 inch dik. Leg de plakjes op de bakplaat. Bak gedurende 10 minuten of tot de koekjes lichtbruin zijn.

6.Zet 2 grote koelrekken klaar. Breng de bakplaten over naar de rekken. Laat de koekjes 5 minuten op de bakplaat afkoelen en leg ze dan op een rek om volledig af te koelen. Bewaar in een luchtdichte verpakking maximaal 2 weken.

chocolade kusjes

Baci di Cioccolato

Maakt 3 dozijn

"Kusjes" van chocolade en vanille zijn favoriet in Verona, de thuisbasis van Romeo en Julia, waar ze in verschillende combinaties worden gemaakt.

1 2/3 kopjes bloem voor alle doeleinden

een/3 kopjes ongezoet Nederlands cacaopoeder, gezeefd

een/4 theelepel zout

1 kop (2 stokjes) ongezouten boter, op kamertemperatuur

een/2 kopjes poedersuiker

1 theelepel puur vanille-extract

een/2 kopjes fijngehakte geroosterde amandelen (zie Fig. Hoe maak je notentoast en schelpen?)

vulling

2 ons halfzoete of bitterzoete chocolade, gehakt

2 eetlepels ongezouten boter

een/3 kopjes amandelen, geroosterd en fijngehakt

een. Zeef de bloem, cacao en zout in een grote kom.

2. Klop in een grote kom met een elektrische mixer op gemiddelde snelheid de boter en suiker licht en luchtig, ongeveer 2 minuten. Klop vanille erdoor. Roer de droge ingrediënten en amandelen nog ongeveer 1 minuut tot ze gemengd zijn. Dek af met plastic en zet een nacht in de koelkast gedurende maximaal 1 uur.

3. Verwarm de oven voor op 350 ° F. Zet 2 niet-ingevette bakplaten klaar. Rol theelepels deeg in balletjes van 3/4 inch. Schik de ballen 1 inch uit elkaar op de bakplaat. Druk met je vingers om de balletjes iets plat te drukken. Bak de koekjes tot ze stevig maar niet bruin zijn, 10 tot 12 minuten. Zet 2 grote koelrekken klaar.

4. Breng de bakplaten over naar de rekken. Laat de koekjes 5 minuten op de bakplaat afkoelen en leg ze dan op een rek om volledig af te koelen.

5. Breng ongeveer 5 cm water aan de kook in de onderste helft van een dubbele ketel of kleine steelpan. Plaats de chocolade en boter in de bovenste helft van de dubbele boiler of in een kleine hittebestendige kom die goed over de steelpan past. Plaats de kom boven het kokende water. Laat het afgedekt staan tot de chocolade zacht wordt. Mixen tot een gladde substantie. Meng de amandelen.

6. Verdeel een kleine hoeveelheid van het vullingmengsel over de bodem van een koekje. Leg een tweede koekje met de onderkant naar beneden op de vulling en druk lichtjes aan. Plaats de koekjes op een rooster tot de vulling gestold is. Herhaal met de resterende koekjes en vulling. Bewaar in een luchtdichte verpakking maximaal 1 week in de koelkast.

Chocolade zonder oven "Salame"

Salame del Cioccolato

Maakt 32 koekjes

Krokante stukjes chocoladehazelnoot die niet gebakken hoeven te worden, zijn een specialiteit van Piemonte. Andere cookies kunnen worden gebruikt in plaats van amaretti als je dat liever hebt, zoals vanille- of chocoladewafels, graham crackers of zandkoekjes. Deze kun je het beste een paar dagen van tevoren maken, zodat de smaken zich kunnen vermengen. Als u de likeur niet wilt gebruiken, kunt u deze vervangen door een lepel sinaasappelsap.

18 amarettikoekjes

een/3 kopjes suiker

een/3 kopjes ongezoet cacaopoeder

een/2 kopjes (1 stok) ongezouten boter, verzacht

1 eetlepel grappa of rum

een/3 kopjes geplette walnoten

een. Doe de koekjes in een plastic zak. Plet de koekjes met een deegroller of een zwaar voorwerp. Je zou ongeveer 3/4 kopjes kruimels moeten hebben.

2.Doe de kruimels in een grote kom. Meng de suiker en cacao met een houten lepel. Voeg de boter en grappa toe. Roer tot de droge ingrediënten nat en gemengd zijn. Meng walnoten.

3.Leg een 14-inch laag plastic folie op een vlakke ondergrond. Giet het deegmengsel over de plastic folie. Vorm het deeg in een blok van 8 × 21/2-inch. Wikkel het blok in plasticfolie en vouw de uiteinden om ze volledig te bedekken. Zet het blok minimaal 24 uur en maximaal 3 dagen in de koelkast.

4.Snijd het blok in plakjes van 1/4 inch dik. Gekoelde bediening. Bewaar koekjes maximaal 2 weken in een luchtdichte plastic container in de koelkast.

prato koekje

Biscotti di Prato

Maakt ongeveer 4 1/2 dozijn

In de Toscaanse stad Prato zijn dit klassieke koekjes om te dippen in vin santo, de heerlijke dessertwijn van de regio. Gewoon gegeten, ze zijn behoorlijk droog, dus zorg voor een drankje om ze in te dippen.

2 1/2 kopjes bloem voor alle doeleinden

1 1/2 theelepels bakpoeder

1 theelepel zout

4 grote eieren

3/4 kopjes suiker

1 theelepel geraspte citroenschil

1 theelepel geraspte sinaasappelschil

1 theelepel puur vanille-extract

1 kopje geroosterde amandelen (zieHoe maak je notentoast en schelpen?)

een. Plaats een rek in het midden van de oven. Verwarm de oven voor op 325 ° F. Vet en bebloem een grote bakplaat.

2. Zeef de bloem, het bakpoeder en het zout in een middelgrote kom.

3. Klop in een grote kom met een elektrische mixer de eieren en suiker op gemiddelde snelheid tot ze licht en schuimig zijn, ongeveer 3 minuten. Klop de citroen- en sinaasappelschil en vanille erdoor. Meng droge ingrediënten op lage snelheid en roer dan de amandelen erdoor.

4. Maak je handen een beetje nat. Vorm het deeg in twee blokken van 14 × 2 inch. Plaats de blokken een paar centimeter uit elkaar op de voorbereide bakplaat. Bak gedurende 30 minuten of tot ze stevig en goudbruin zijn.

5. Haal de bakplaat uit de oven en verlaag de oventemperatuur tot 300°F. Laat de blokken 20 minuten afkoelen op de bakplaat.

6. Schuif de boomstammen op een snijplank. Snijd met een groot, zwaar koksmes de boomstammen diagonaal in plakjes van 1/2 inch dik. Leg de plakjes op de bakplaat. Bak gedurende 20 minuten of tot licht goudbruin.

7. Breng de koekjes over naar roosters om af te koelen. Bewaar in een luchtdichte container.

Umbrische Fruit en Noten Biscotti

afgestoft

maakt 80

Deze koekjes, gemaakt zonder olie, worden lange tijd bewaard in een luchtdichte verpakking. De smaak ontwikkelt zich eigenlijk, dus plan ze een paar dagen voor het opdienen te maken.

3 kopjes bloem voor alle doeleinden

een/2 kopjes maizena

2 theelepels bakpoeder

3 grote eieren

3 eierdooiers

2 eetlepels Marsala, vin santo of sherry

1 glas suiker

1 kopje rozijnen

1 kopje amandelen

een/4 kopjes gehakte gekonfijte sinaasappelschil

een/4 kopjes gehakte citroen

1 theelepel anijszaadjes

een. Verwarm de oven voor op 350 ° F. Vet 2 grote bakplaten in.

2.Zeef de bloem, maizena en bakpoeder in een middelgrote kom.

3.Klop in een grote kom met een elektrische mixer de eieren, dooiers en Marsala los. Voeg de suiker toe en klop ongeveer 3 minuten tot alles goed gemengd is. Roer de droge ingrediënten, rozijnen, amandelen, schors, citroen en anijszaad tot een mengsel. Het deeg zal taai zijn. Leg het deeg indien nodig op het aanrecht en kneed het tot het gemengd is.

4.Verdeel het deeg in vieren. Bevochtig uw handen met koud water en rol elk kwart in een blok van 10 inch. Leg de blokken 5 cm uit elkaar op de voorbereide bakplaten.

5.Bak de blokken 20 minuten, of tot ze stevig zijn als ze in het midden worden ingedrukt en goudbruin aan de randen. Haal de houtblokken uit de oven, maar laat de oven aan staan. Laat de blokken 5 minuten afkoelen op bakplaten.

6. Schuif de boomstammen op een snijplank. Snijd met een groot koksmes in plakjes van 1/2 inch dik. Leg de plakjes op de bakplaat en bak ze 10 minuten of tot ze lichtbruin zijn.

7. Zet 2 grote koelrekken klaar. Cookies overbrengen naar rekken. Laat het volledig afkoelen. Bewaar in een luchtdichte verpakking maximaal 2 weken.

Citroen-hazelnootkoekje

Biscotti al Limone

maakt 48

Citroen en amandel maken deze koekjes zoeter.

11/2 kopjes bloem voor alle doeleinden

1 theelepel bakpoeder

een/4 theelepel zout

een/2 kopjes (1 stokje) ongezouten boter, op kamertemperatuur

een/2 kopjes suiker

2 grote eieren, op kamertemperatuur

2 theelepels vers geraspte citroenschil

1 kopje geroosterde amandelen, grof gehakt

een. Plaats een rek in het midden van de oven. Verwarm de oven voor op 350 ° F. Vet en bebloem een grote bakplaat.

2.Zeef in een kom de bloem, bakpoeder en zout.

3. Klop in een grote kom met een elektrische mixer de boter en suiker licht en luchtig, ongeveer 2 minuten. Klop de eieren één voor één los. Voeg de citroenschil toe door met een rubberen spatel de binnenkant van de kom schoon te schrapen. Roer langzaam het bloemmengsel en de noten erdoor tot het gemengd is.

4. Verdeel het deeg doormidden. Vorm met vochtige handen elk stuk tot een blok van 12 × 2 inch op de voorbereide bakplaat. Bak gedurende 20 minuten of tot de blokken lichtbruin en stevig zijn als ze in het midden worden ingedrukt. Haal de pan uit de oven, maar zet het vuur niet uit. Laat de blokken 10 minuten afkoelen op de bakplaat.

5. Schuif de boomstammen op een snijplank. Snijd de boomstammen in plakjes van 1/2 inch dik. Leg de plakjes op de bakplaat. Bak gedurende 10 minuten of tot de koekjes lichtbruin zijn.

6. Zet 2 grote koelrekken klaar. Cookies overbrengen naar rekken. Laat het volledig afkoelen. Bewaar in een luchtdichte verpakking maximaal 2 weken.

walnoot koekjes

Biscotti di Noce

maakt ongeveer 80

Olijfolie kan in een breed scala aan recepten worden gebruikt om te koken. Gebruik een licht gearomatiseerde extra vergine olijfolie. Past bij veel noten- en citrusvariëteiten. Hier is een koekjesrecept dat ik heb ontwikkeld voor een artikel in The Washington Post over koken met olijfolie.

2 kopjes All-purpose Flour

1 theelepel bakpoeder

1 theelepel zout

2 grote eieren, op kamertemperatuur

2/3 kopjes suiker

een/2 kopjes extra vierge olijfolie

een/2 theelepels geraspte citroenschil

2 kopjes geroosterde walnoten (zieHoe maak je notentoast en schelpen?)

een. Verwarm de oven voor op 325 ° F. Vet 2 grote bakplaten in.

2. Combineer bloem, bakpoeder en zout in een grote kom.

3. Klop in een andere grote kom de eieren, suiker, olie en citroenschil tot ze goed gemengd zijn. Roer droge ingrediënten met een houten lepel tot ze net gemengd zijn. Meng walnoten.

4. Verdeel het deeg in vier delen. Vorm de stukken in blokken van 12 × 11/2-inch, met een tussenruimte van enkele centimeters op de voorbereide bakplaten. Bak gedurende 20 tot 25 minuten of tot ze lichtbruin zijn. Haal hem uit de oven maar zet hem niet uit. Laat de koekjes 10 minuten afkoelen op de bakplaat.

5. Schuif de boomstammen op een snijplank. Snijd met een groot, zwaar mes de boomstammen kruislings in plakjes van 1/2-inch. Leg de plakjes op de bakplaat en zet de bakplaten terug in de oven. Bak gedurende 10 minuten of tot ze goudbruin zijn.

6. Zet 2 grote koelrekken klaar. Cookies overbrengen naar rekken. Laat het volledig afkoelen. Bewaar in een luchtdichte verpakking maximaal 2 weken.

bitterkoekjes

Amaretti

Maakt 3 dozijn

In Zuid-Italië worden ze gemaakt door zowel zoete als bittere amandelen te malen. Bittere amandelen van een bepaalde amandelboom worden in de Verenigde Staten niet verkocht. Ze hebben een smaakcomponent die lijkt op cyanide, wat een dodelijk gif is, dus ze zijn niet goedgekeurd voor commercieel gebruik. Het dichtst dat we bij de juiste smaak kunnen komen, is commerciële amandelpasta en wat amandelextract. Verwar marsepein niet met marsepein, dat heeft een vergelijkbaar maar hoger suikergehalte. Koop voor de beste smaak de marsepein die in dozen wordt verkocht. Als je het niet kunt vinden, neem dan contact op met je plaatselijke bakker om te zien of ze je wat kunnen verkopen.

Deze koekjes plakken, dus ik bak ze op bakmatten met antiaanbaklaag die bekend staan als Silpats. De matten hoeven nooit gesmeerd te worden, zijn makkelijk schoon te maken en herbruikbaar. Je vindt ze bij goede keukenwinkels. Als je geen matten hebt, kunnen bakplaten worden bekleed met bakpapier of aluminiumfolie.

1 (8 ounce) blikje amandelboter, verkruimeld

1 glas suiker

2 grote eiwitten, op kamertemperatuur

een/4 theelepels amandelextract

36 gekonfijte kersen of hele amandelen

een. Verwarm de oven voor op 350 ° F. Bekleed 2 grote bakplaten met bakpapier of aluminiumfolie.

2. Plet de amandelspijs in een grote kom. Klop met een elektrische mixer op lage snelheid de suiker totdat deze gemengd is. Voeg het eiwit en het amandelextract toe. Verhoog de snelheid tot gemiddeld en sla tot een zeer gladde massa, ongeveer 3 minuten.

3. Neem 1 eetlepel van het deeg en rol het lichtjes uit. Bevochtig indien nodig uw vingertoppen met koud water om plakken te voorkomen. Leg de balletjes ongeveer 2,5 cm uit elkaar op de voorbereide bakplaat. Druk een kers of amandel op de bovenkant van het deeg.

4. Bak gedurende 18 tot 20 minuten of tot de koekjes lichtbruin zijn. Even laten afkoelen op de bakplaat.

5. Breng de koekjes met een dunne metalen spatel over naar roosters om volledig af te koelen. Bewaar koekjes in luchtdichte containers. (Als je deze koekjes langer dan een dag of twee wilt bewaren, vries ze dan in om hun zachte textuur te behouden. Ze kunnen direct uit de vriezer worden gegeten.)

Pijnboom Pistache Macarons

Biscotti di Pinoli

maakt 40

Ik heb in de loop der jaren veel variaties op deze koekjes gemaakt. Deze versie is mijn favoriet omdat hij is gemaakt met zowel marsepein als gemalen amandelen voor smaak en textuur, en een rijke smaak heeft van geroosterde pijnboompitten (pignoli).

1 (8 ounce) kan amandelboter

een/3 kopjes fijngemalen amandelen

2 grote eiwitten

1 kopje banketbakkerssuiker, plus meer voor decoratie

2 kopjes pistachenoten of geplette amandelen

een. Plaats een rek in het midden van de oven. Verwarm de oven voor op 350 ° F. Vet een grote bakplaat in.

2. Plet de amandelboter in een grote kom. Klop met een elektrische mixer op gemiddelde snelheid de amandelen, eiwitten en 1 kopje poedersuiker tot een gladde massa.

3. Neem een eetlepel van het deeg. Rol het deeg door de pijnboompitten, dek het geheel af en vorm er een bal van. Leg de bal op de voorbereide bakplaat. Herhaal met de resterende ingrediënten, plaats de ballen ongeveer 2,5 cm uit elkaar.

4. Bak gedurende 18 tot 20 minuten of tot ze lichtbruin zijn. Plaats de bakplaat op een afkoelrek. Laat de koekjes 2 minuten afkoelen op de bakplaat.

5. Breng koekjes over naar rekken om volledig af te koelen. Bestuif met banketbakkerssuiker. Bewaar in een luchtdichte verpakking maximaal 1 week in de koelkast.

Hazelnoot Repen

nocciolaat

Maakt 6 dozijn

Deze delicate, kruimelige repen zitten boordevol noten. Ze houden nauwelijks bij elkaar en smelten in de mond. Serveer ze met chocoladeroomijs.

2 1/3 kopjes bloem voor alle doeleinden

11/2 kopjes gepelde, geroosterde hazelnoten, fijngehakt (zie Fig.Hoe maak je notentoast en schelpen?)

11/2 kopjes suiker

een/2 theelepels zout

1 kop (2 stokjes) ongezouten boter, gesmolten en afgekoeld

1 groot ei plus 1 eierdooier, opgeklopt

een. Plaats een rek in het midden van de oven. Verwarm de oven voor op 350 ° F. Vet een jelly roll-pan van 15 × 10 × 1 inch in.

2.Meng bloem, noten, suiker en zout in een grote kom met een houten lepel. Voeg de boter toe en meng tot het gelijkmatig bevochtigd is. Voeg de eieren toe. Roer tot alles goed gemengd is en het mengsel bij elkaar blijft.

3. Giet het mengsel in de voorbereide pan. Druk stevig aan tot een gelijkmatige laag.

4. Bak gedurende 30 minuten of tot ze goudbruin zijn. Snijd in rechthoeken van 2 × 1 inch terwijl ze nog heet zijn.

5. Laat het 10 minuten afkoelen in de pan. Breng koekjes over naar grote rekken om volledig af te koelen.

Walnoot Boter Koekjes

Biscotti di Noce

Maakt 5 dozijn

Nootachtig en boterachtig, deze halvemaanvormige koekjes uit Piemonte zijn perfect voor Kerstmis. Hoewel het meestal met hazelnoten wordt gemaakt, gebruik ik graag walnoten. Amandelen kunnen ook worden vervangen.

Deze koekjes kun je helemaal in de keukenmachine maken. Als dat niet het geval is, maalt u de noten en suiker fijn in een blender of notenmolen en mixt u vervolgens de overige ingrediënten met de hand.

1 kopje walnootstukjes

een/3 kopjes suiker plus nog 1 kopje voor het rollen van de koekjes

2 kopjes All-purpose Flour

1 kop (2 stokjes) ongezouten boter, op kamertemperatuur

een. Verwarm de oven voor op 350 ° F. Vet en bebloem 2 grote bakplaten.

2. Combineer walnoten en suiker in een keukenmachine. Verwerk de pinda's tot ze fijngehakt zijn. Voeg de bloem toe en verwerk tot het gemengd is.

3. Voeg geleidelijk de boter toe en pulseer om te mengen. Haal het deeg uit de kom en knijp het uit met je handen.

4. Giet de resterende 1 kop suiker in een ondiepe kom. Neem stukjes ter grootte van een walnoot van het deeg en maak er balletjes van. Vorm de bal in de vorm van een halve maan door de uiteinden taps toe te laten lopen. Rol lichtjes in halve maan suiker. Plaats de halve maan op een voorbereide bakplaat. Herhaal met het resterende deeg en de suiker, met een tussenruimte van ongeveer 2,5 cm tussen elk koekje.

5. Bak gedurende 15 minuten of tot ze lichtbruin zijn. Plaats de bakplaten op de roosters om 5 minuten af te koelen.

6. Breng koekjes over naar rekken om volledig af te koelen. Bewaar in een luchtdichte verpakking maximaal 2 weken.

Regenboog koekjes

koekjes driekleur

Maakt ongeveer 4 dozijn

Hoewel ik ze nog nooit in Italië heb gezien, zijn deze "regenboog" of driekleurige koekjes met chocoladeglazuur een favoriet bij Italiaanse en andere bakkerijen in de Verenigde Staten. Helaas zijn ze vaak opzichtig van kleur en kunnen ze droog en smaakloos zijn.

Probeer dit recept en je zult zien hoe lekker deze koekjes kunnen zijn. Het is een beetje moeilijk om te maken, maar de resultaten zijn mooi en heerlijk. Als u ervoor kiest om geen kleurstof te gebruiken, zullen de koekjes nog steeds aantrekkelijk zijn. Voor het gemak kun je het beste drie identieke bakplaten hebben. Als u echter een batch deeg per keer bakt, kunt u de koekjes maar in één pan maken. Afgewerkte koekjes worden goed bewaard in de koelkast.

8 ons amandelboter

1 1/2 kopjes (3 stokjes) ongezouten boter

1 glas suiker

4 grote eieren, gescheiden

een/4 theelepel zout

2 kopjes ongebleekt bloem voor alle doeleinden

10 druppels rode kleurstof of naar smaak (optioneel)

10 druppels groene kleurstof of naar smaak (optioneel)

een/2 kopjes abrikozenjam

een/2 kopjes pitloze frambozenjam

1 (6-ounce) pakket halfzoete chocoladeschilfers

een. Verwarm de oven voor op 350 ° F. Vet drie identieke 13 × 9 × 2-inch bakplaten in. Bekleed de bakplaten met bakpapier en vet het papier in.

2. Plet de marsepein in een grote mengkom. Voeg de boter, 1/2 kopje suiker, eidooier en zout toe. Klop tot licht en luchtig. Roer de bloem tot het gemengd is.

3. Klop in een andere grote kom de eiwitten met schone kloppers op gemiddelde snelheid schuimig. Klop geleidelijk de resterende suiker erdoor. Verhoog de snelheid naar een hoog niveau. Blijf kloppen tot het eiwit zachte pieken vormt wanneer de garde wordt opgetild.

4. Vouw met een rubberen spatel 1/3 in het verpakte mengsel om het wit wit te maken. Spatel geleidelijk de resterende eiwitten erdoor.

5. Neem 1/3 van het deeg in een kom en 1/3 in een andere kom. Als u voedselkleuring gebruikt, vouw dan de rode in de ene kom en de groene in de andere.

6. Spreid elke kom deeg uit in een apart voorbereide pan en strijk ze gelijkmatig neer met een spatel. Bak de lagen 10 tot 12 minuten, tot de cake net gestold is en de randen heel licht gekleurd zijn. Laat 5 minuten in de pan afkoelen en til de lagen vervolgens op koelrekken en laat het vetvrij papier eraan zitten. Laat het volledig afkoelen.

7. Gebruik het papier om een laag te verwijderen, draai de cake om en plaats de papierkant naar boven op een grote bakplaat. Trek het papier er voorzichtig af. Smeer er een dun laagje frambozenjam op.

8. Leg een tweede laag met de papierkant naar boven op de eerste laag. Verwijder het papier en smeer de cake in met abrikozenjam.

9. Plaats de resterende laag met de papierkant naar boven. Trek het papier eraf. Gebruik een groot, zwaar mes en een liniaal als

richtlijn om de randen van de cake bij te snijden om de lagen rondom plat en gelijkmatig te maken.

10. Breng ongeveer 5 cm water aan de kook in de onderste helft van een dubbele ketel of kleine steelpan. Plaats de chocoladeschilfers in de bovenste helft van de dubbele boiler of in een kleine hittebestendige kom die goed over de pan past. Plaats de kom boven het kokende water. Laat het afgedekt staan tot de chocolade zacht wordt. Mixen tot een gladde substantie. Giet de gesmolten chocolade over de cakelagen en strijk glad met een spatel. Koel ongeveer 30 minuten, tot de chocolade begint te stollen. (Laat het niet te hard worden, anders barst het als je het snijdt.)

11e. Haal de taart uit de koelkast. Gebruik een liniaal of een andere richtliniaal als richtlijn om de cake in de lengte in 6 stroken te snijden door deze eerst in drieën te verdelen en vervolgens in een derde deel. Snijd diagonaal in 5 repen. Koel de gesneden cake in de pan in de koelkast tot de chocolade hard wordt. Serveer of doe de koekjes in een luchtdichte verpakking en bewaar ze in de koelkast. Deze blijven enkele weken goed.

Vijgenkoekjes voor Kerstmis

cuccidati

Maakt 18 grote koekjes

Ik kan me kerst niet voorstellen zonder deze koekjes. Voor veel Sicilianen is het maken ervan een familieproject. Terwijl de vrouwen het deeg mengen en rollen, hakken en malen de mannen de vullingen. Kinderen versieren de gevulde koekjes. Ze worden traditioneel gesneden in vele denkbeeldige vormen die lijken op vogels, bladeren of bloemen. Sommige families verdienen er tientallen om aan hun vrienden en buren te geven.

Gebakje

2 1/2 kopjes bloem voor alle doeleinden

een/3 kopjes suiker

2 theelepels bakpoeder

een/2 theelepels zout

6 eetlepels ongezouten boter

2 grote eieren, op kamertemperatuur

1 theelepel puur vanille-extract

vulling

2 kopjes vochtige gedroogde vijgen, stelen verwijderd

een/2 kopjes rozijnen

1 kopje walnoten, geroosterd en gehakt

een/2 kopjes gehakte halfzoete chocolade (ongeveer 2 ons)

een/3 kopjes honing

een/4 glazen sinaasappelsap

1 theelepel sinaasappelschil

1 theelepel gemalen kaneel

een/8 theelepels gemalen kruidnagel

Ontmoeting

1 eidooier opgeklopt met 1 theelepel water

Kleurrijke hagelslag van suiker

een. Bereid het deeg voor: combineer de bloem, suiker, bakpoeder en zout in een grote kom. Snijd de boter met een elektrische mixer of deegmenger tot het mengsel op grove kruimels lijkt.

2. Klop eieren en vanille los in een kom. Voeg de eieren toe aan de droge ingrediënten, meng met een houten lepel tot het deeg gelijkmatig nat is. Als het deeg te droog is, meng het dan met een beetje koud water, druppelsgewijs.

3. Verzamel het deeg tot een bal en leg het op een stuk plasticfolie. Druk plat tot een schijf en wikkel goed in. Zet minimaal 1 uur of een nacht in de koelkast.

4. Bereid de vulling voor: maal de vijgen, rozijnen en noten in een keukenmachine of vleesmolen tot ze grof gehakt zijn. Meng de resterende ingrediënten. Als u het niet binnen een uur gebruikt, dek het af en zet het in de koelkast.

5. Verwarm de oven voor op 375 ° F om gebak samen te stellen. Vet twee grote bakplaten in.

6. Snijd het deeg in 6 delen. Rol elk stuk op een licht met bloem bestoven oppervlak uit tot een blok van ongeveer 10 cm lang.

7. Rol met een met bloem bestoven deegroller een blok in een rechthoek van 9 × 5 inch. Snijd de randen.

8. Schep voorzichtig een 3/4-inch strook vulling in de lengte in een kant van het midden van het uitgerolde deeg. Vouw een lange zijde van het deeg over de andere en sluit door de randen tegen elkaar te drukken. Snijd het gevulde deeg diagonaal in 3 gelijke delen.

9. Snijd met een scherp mes 3/4-inch lange spleten met tussenpozen van 1/2-inch door de vulling en het deeg. Draai een beetje om de spleten te openen en de vijgenvulling te onthullen, plaats de gebakjes een centimeter uit elkaar op de bakplaat.

10. Bestrijk de cake met de eierwas. Besprenkel eventueel met een snufje suiker. Herhaal met de overige ingrediënten.

11e. Bak de koekjes 20 tot 25 minuten of tot ze goudbruin zijn.

12. Koel de koekjes op roosters. Bewaar in een luchtdichte verpakking in de koelkast voor maximaal 1 maand.

amandelschilfers

Croccante of Torrone

Maakt 10 tot 12 porties

Sicilianen maken deze desserts met pijnboompitten, pistachenoten of sesam in plaats van amandelen. Een citroen is perfect om de hete siroop zachter te maken.

plantaardige olie

2 kopjes suiker

een/4 kopjes honing

2 kopjes amandelen (10 ons)

1 hele citroen, gewassen en gedroogd

een. Bestrijk een marmeren oppervlak of metalen bakplaat met plantaardige olie met een neutrale smaak.

2.Combineer suiker en honing in een middelgrote pan. Kook op middelhoog vuur, af en toe roerend, tot de suiker begint te smelten, ongeveer 20 minuten. Breng aan de kook en kook zonder te roeren nog 5 minuten of tot de siroop helder is.

3. Voeg de noten toe en kook ongeveer 3 minuten tot de siroop amberkleurig wordt. Giet de hete siroop voorzichtig op het voorbereide oppervlak, gebruik citroen om de noten in een enkele laag glad te maken. Laat het volledig afkoelen. Als het bros is afgekoeld en uitgehard, na ongeveer 30 minuten, wrijf je er een dunne metalen spatel onder. Til het breekbare op en snijd het in stukjes van 3,5 cm. Bewaar in luchtdichte containers bij kamertemperatuur.

Siciliaanse hazelnootbroodjes

meestaccioli

Maakt 64 koekjes

Ooit werden deze koekjes gemaakt met Mosto cotto, geconcentreerd wijndruivensap. De koks van tegenwoordig gebruiken honing.

Gebakje

3 kopjes bloem voor alle doeleinden

een/2 kopjes suiker

1 theelepel zout

een/2 kopjes bakvet

4 eetlepels (1/2 stok) ongezouten boter, op kamertemperatuur

2 grote eieren

2 tot 3 eetlepels koude melk

vulling

1 kopje geroosterde amandelen

1 kopje geroosterde walnoten

een/2 kopjes geroosterde en gepelde hazelnoten

een/4 kopjes suiker

een/4 kopjes honing

2 theelepels sinaasappelschil

een/4 theelepels gemalen kaneel

zoetwaren suiker

een. Combineer bloem, suiker en zout in een grote kom. Snijd het bakvet en de boter erdoor tot het mengsel op grove kruimels lijkt.

2. Klop in een kleine kom de eieren los met twee eetlepels melk. Voeg het mengsel toe aan de droge ingrediënten, meng tot het deeg gelijkmatig bevochtigd is. Eventueel mengen met wat meer melk.

3. Verzamel het deeg tot een bal en leg het op een stuk plasticfolie. Druk plat tot een schijf en wikkel goed in. Zet een nacht in de koelkast gedurende maximaal 1 uur.

4. Verwerk de noten en suiker in een keukenmachine. Handel tot het goed is. Voeg honing, schil en kaneel toe en verwerk tot het gemengd is. Verwarm de oven voor op 350 ° F. Vet 2 grote bakplaten in.

5. Verdeel het deeg in 4 delen. Rol een stuk tussen twee lagen plasticfolie tot een vierkant dat iets groter is dan 20 cm. Snijd de randen bij en snijd het deeg in vierkanten van 2 inch. Leg een theelepel vulling op een rand van elk vierkant. Rol het deeg uit om de vulling volledig te bedekken. Leg op de bakplaat met de naad naar beneden. Herhaal met het resterende deeg en de vulling, waarbij u de koekjes 2,5 cm uit elkaar plaatst.

6. Bak gedurende 18 minuten of tot de koekjes lichtbruin zijn. Breng de koekjes over naar roosters om af te koelen. Bewaar in een goed gesloten container maximaal 2 weken. Bestrooi voor het serveren met poedersuiker.

Spons

Pan di Spagna

Maakt twee lagen van 8 of 9 inch

Dit klassieke en veelzijdige Italiaanse biscuitgebak past goed bij vullingen zoals fruitconserven, slagroom, banketbakkersroom, ijs of ricotta. De cake is ook goed in te vriezen, dus handig om bij de hand te hebben voor snelle toetjes.

Boter voor in de pan

6 grote eieren, op kamertemperatuur

2/3 kopjes suiker

1 1/2 theelepels puur vanille-extract

1 kop gezeefd bloem voor alle doeleinden

een. Plaats het rooster in het midden van de oven. Verwarm de oven voor op 375 ° F. Vet twee taartvormen van 8 of 9 inch in. Bekleed de bodem van de pannen met cirkels vetvrij papier of perkamentpapier. Smeer het papier. Bestuif de pannen met bloem en klop het teveel af.

2. Begin in een grote kom met een elektrische mixer de eieren op lage snelheid te kloppen. Voeg geleidelijk suiker toe en verhoog geleidelijk de snelheid van de mixer. Voeg de vanille toe. Klop de eieren ongeveer 7 minuten tot ze dik en lichtgeel zijn.

3. Doe de bloem in een fijnmazige zeef. Schud ongeveer een derde van de bloem over het eimengsel. Spatel met een rubberen spatel langzaam en heel voorzichtig de bloem erdoor. Herhaal het toevoegen van de bloem in 2 porties en vouw totdat er geen sporen meer zijn.

4. Verdeel het deeg gelijkmatig over de voorbereide pannen. Bak gedurende 20 tot 25 minuten, of tot de cakes terugveren als ze lichtjes in het midden worden gedrukt en de bovenkant lichtbruin is. Zet 2 koelrekken klaar. Koel de cakes in pannen op roosters gedurende 10 minuten.

5. Keer cakes om op rekken en verwijder pannen. Trek het papier er voorzichtig af. Laat het volledig afkoelen. Serveer onmiddellijk of dek af met een omgekeerde kom en bewaar bij kamertemperatuur gedurende maximaal 2 dagen.

Citrus Biscuit

Torta di Agrum

10 tot 12

Olijfolie geeft deze cake een kenmerkende smaak en textuur. Gebruik een lichte olijfolie of de smaak kan opdringerig zijn. Deze cake is goed voor mensen die deze voedingsmiddelen niet kunnen eten, omdat er geen boter, melk of andere zuivelproducten in zitten.

Dit is een grote cake, hoewel erg licht en luchtig. Om dit te bakken, heb je een 10-inch buispan nodig met een verwijderbare bodem, het type dat wordt gebruikt voor engelencakes.

Een beetje wijnsteen, verkrijgbaar in de kruidenafdeling van de meeste supermarkten, helpt het eiwit in deze geweldige cake te stabiliseren.

2 1/4 kopjes gewoon cakemeel (niet-zelfrijzend)

1 eetlepel bakpoeder

1 theelepel zout

6 grote eieren, gescheiden, op kamertemperatuur

1 1/4 kopjes suiker

1 1/2 theelepels sinaasappelschil

1 1/2 theelepel geraspte citroenschil

3/4 kopjes vers geperst sinaasappelsap

een/2 kopjes extra vierge olijfolie

1 theelepel puur vanille-extract

een/4 theelepels wijnsteen

een. Plaats het ovenrek in het onderste derde deel van de oven. Verwarm de oven voor op 325 ° F. Zeef de bloem, het bakpoeder en het zout in een grote kom.

2. Klop in een grote kom met een elektrische mixer de eierdooiers, 1 kopje suiker, sinaasappel- en citroenschil, sinaasappelsap, olie en vanille-extract tot een gladde massa, ongeveer 5 minuten. Spatel de vloeistof met een rubberen spatel door de droge ingrediënten.

3. Klop in een andere grote kom met schone garde de eiwitten op middelmatige snelheid schuimig. Voeg geleidelijk de resterende 1/4 kop suiker en wijnsteen toe. Verhoog de snelheid naar een hoog niveau. Klop tot er zich zachte pieken vormen wanneer de garde wordt opgetild, ongeveer 5 minuten. Spatel het eiwit door het deeg.

4. Schraap het deeg in een niet-ingevette 10-inch buisvorm met een verwijderbare bodem. Bak gedurende 55 minuten of tot de cake goudbruin is en een in het midden gestoken tandenstoker er schoon uitkomt.

5. Zet de vorm ondersteboven op een afkoelrek en laat de cake helemaal afkoelen. Steek een mes met een fijne punt in de binnenkant van de vorm om de cake los te maken. Verwijder de cake en de bodem van de vorm. Schuif het mes onder de cake en verwijder de bodem van de pan. Serveer onmiddellijk of dek af met een omgekeerde kom en bewaar bij kamertemperatuur gedurende maximaal 2 dagen.

Citroen Olijfolie Taart

citroentaart

Maakt 8 porties

Een lichte citroentaart uit Puglia die altijd een plezier is om bij de hand te hebben.

1 1/2 kopjes gewoon cakemeel (niet-zelfrijzend)

1 1/2 theelepels bakpoeder

een/2 theelepels zout

3 grote eieren, op kamertemperatuur

1 glas suiker

een/3 kopjes olijfolie

1 theelepel puur vanille-extract

1 theelepel geraspte citroenschil

een/4 kopjes vers geperst citroensap

een. Plaats het rek in het onderste derde deel van de oven. Verwarm de oven voor op 350 ° F. Vet een 9-inch springvorm in.

2. Zeef de bloem, het bakpoeder en het zout in een grote kom.

3. Breek de eieren in een grote elektrische mengkom. Klop op gemiddelde snelheid tot dik en lichtgeel, ongeveer 5 minuten. Voeg geleidelijk de suiker toe en klop nog 3 minuten. Voeg geleidelijk de olie toe. Klop nog een minuut. Voeg de vanille en citroenrasp toe.

4. Spatel met een rubberen spatel de droge ingrediënten in drie toevoegingen, afwisselend met het citroensap in twee toevoegingen.

5. Schraap het deeg in de voorbereide pan. Bak gedurende 35 tot 40 minuten, of tot de cake goudbruin is en terugveert wanneer hij in het midden wordt ingedrukt.

6. Keer de pan om op een rooster. Laat het volledig afkoelen. Ga met een mes langs de buitenrand en verwijder. Serveer onmiddellijk of dek af met een omgekeerde kom en bewaar bij kamertemperatuur gedurende maximaal 2 dagen.

marmeren taart

Torta Marmara

Maakt 8 tot 10 porties

In Italië wordt aan het ontbijt niet veel belang gehecht. Eieren en ontbijtgranen worden zelden gegeten, en de meeste Italianen besteden hun koffie met toast of misschien een gewoon koekje of twee. Hotelontbijten overweldigen meestal buitenlandse smaken met een breed scala aan vleeswaren, kazen, fruit, eieren, yoghurt, brood en gebak. In een hotel in Venetië zag ik een prachtige marmeren taart, een van mijn favoriete taarten, trots uitgestald op de taartstandaard. Het was hemels met een kopje cappuccino en ik zou er net zo van genoten hebben tijdens theetijd. De ober zei dat de cake dagelijks vers werd bezorgd door een plaatselijke bakker waar hij speciaal was. Dit is mijn versie geïnspireerd door die in Venetië.

1 1/2 kopjes gewoon cakemeel (niet-zelfrijzend)

1 1/2 theelepels bakpoeder

een/2 theelepels zout

3 grote eieren, op kamertemperatuur

1 glas suiker

een/3 kopjes olie

1 theelepel puur vanille-extract

een/4 theelepels amandelextract

een/2 kopjes melk

2 ons bitterzoete of halfzoete chocolade, gesmolten en gekoeld

een. Plaats het ovenrek in het onderste derde deel van de oven. Verwarm de oven voor op 325 ° F. Vet en meel een 10-inch buispan in en tik overtollig meel af.

2.Zeef de bloem, het bakpoeder en het zout in een grote kom.

3.Klop in een andere grote kom de eieren met een elektrische mixer op gemiddelde snelheid tot ze donker tot lichtgeel zijn, ongeveer 5 minuten. Klop langzaam de suiker erdoor, een eetlepel per keer. Blijf nog 2 minuten kloppen.

4.Klop geleidelijk de olie en extracten. Voeg 3 keer de bloem toe, afwisselend de melk in beide keren.

5.Haal ongeveer 1½ kopjes uit het deeg en doe ze in een kleine kom. Zet het opzij. Schraap het resterende deeg in de voorbereide pan.

6. Vouw de gesmolten chocolade in het gereserveerde deeg. Leg een grote lepel chocoladedeeg bovenop het deeg in de pan. Om het deeg om te draaien, houdt u een tafelmes met de punt naar beneden vast. Rol de punt van het mes voorzichtig minstens 2 keer rond de pan en steek het in het deeg.

7. Bak gedurende 40 minuten of tot de cake goudbruin is en er schoon uitkomt als je hem met een tandenstoker erin steekt. Laat 10 minuten afkoelen op rooster.

8. Keer de cake om op het rek en verwijder de pan. Draai de cake naar rechts op een ander rooster. Laat het volledig afkoelen. Serveer onmiddellijk of dek af met een omgekeerde kom en bewaar bij kamertemperatuur gedurende maximaal 2 dagen.

Rum taart

vader en rum

Maakt 8 tot 10 porties

Volgens een populair verhaal is deze cake uitgevonden door een Poolse koning die zijn babka, een Poolse gistcake, te droog vond en er een glas rum overheen schonk. De creatie ervan kreeg de naam baba, naar Ali Baba uit Duizend-en-een-nacht. Het is onduidelijk hoe het populair werd in Napels, maar dat is al een tijdje zo.

Omdat het is gezuurd met gist in plaats van bakpoeder, heeft baba een sponsachtige textuur die perfect is om rumsiroop op te nemen. Sommige versies worden gebakken in miniatuur cakevormen, terwijl andere worden gevuld met banketbakkersroom. Ik serveer dit graag met aardbeien en slagroom erbij - het is niet typisch, maar het is een heerlijke en aangename presentatie.

1 pakje (21/2 theelepels) actieve droge gist of instantgist

een/4 kopjes warme melk (100° tot 110°F)

6 grote eieren

22/3 kopjes bloem voor alle doeleinden

3 eetlepels suiker

een/2 theelepels zout

¾ kopjes (1½ sticks) ongezouten boter, op kamertemperatuur

Siroop

2 kopjes suiker

2 glazen water

2 (2 inch) reepjes citroenschil

een/4 kopjes rum

een. Vet een 10-inch buispan in.

2. Strooi de gist over de warme melk. Laat staan tot het romig is, ongeveer 1 minuut, en roer dan tot het gesmolten is.

3. Klop de eieren in een grote mengkom met een elektrische mixer op gemiddelde snelheid tot ze schuimig zijn, ongeveer 1 minuut. Voeg bloem, suiker en zout toe en klop. Voeg de gist en boter toe en klop ongeveer 2 minuten tot alles goed gemengd is

4. Schraap het deeg in de voorbereide pan. Dek af met plasticfolie en laat 1 uur op een warme plaats staan of tot het deeg in volume is verdubbeld.

5. Plaats een rek in het midden van de oven. Verwarm de oven voor op 400°F. Bak de cake 30 minuten of tot hij goudbruin is en een in het midden gestoken tandenstoker er schoon uitkomt.

6. Keer de cake om op een koelrek. Verwijder de pan en laat het 10 minuten afkoelen.

7. Combineer suiker, water en citroenschil in een middelgrote pan om de siroop te maken. Breng het mengsel aan de kook en roer tot de suiker is opgelost, ongeveer 2 minuten. Verwijder de citroenschil. Meng de rum. Bewaar 1/4 kopje siroop.

8. Doe de cake terug in de pan. Prik met een vork gaatjes over het hele oppervlak. Terwijl beide nog warm zijn, giet je langzaam de siroop over de cake. Laat het volledig afkoelen in de pan.

9. Keer de cake vlak voor het serveren om op de serveerschaal en besprenkel met de resterende siroop. Serveer nu. Bewaar afgedekt in een omgekeerde kom bij kamertemperatuur gedurende maximaal 2 dagen.

oma's taart

Torta della Nonna

Maakt 8 porties

Ik kon niet beslissen of ik dit recept genaamd Torta della nonna naast de taarten of de cakes zou zetten; Omdat de Toscanen het echter torta noemen, verwerk ik het in taarten. Het bestaat uit twee lagen cake gevuld met een dikke banketbakkersroom. Ik weet niet wiens grootmoeder het heeft uitgevonden, maar iedereen houdt van hun cake. Er zijn veel variaties, sommige met citroensmaak.

1 glas water Melk

3 grote eierdooiers

een/3 kopjes suiker

1 1/2 theelepels puur vanille-extract

2 eetlepels bloem voor alle doeleinden

2 eetlepels sinaasappellikeur of rum

Gebakje

1 2/3 kopjes bloem voor alle doeleinden

een/2 kopjes suiker

1 theelepel bakpoeder

een/2 theelepels zout

een/2 kopjes (1 stokje) ongezouten boter, op kamertemperatuur

1 groot ei, licht losgeklopt

1 theelepel puur vanille-extract

1 eidooier opgeklopt met 1 theelepel water, voor eierwas

2 eetlepels pijnboompitten

zoetwaren suiker

een. Verwarm de melk in een middelgrote pan op laag vuur tot er belletjes ontstaan langs de randen. Haal van het vuur.

2. Klop in een middelgrote kom de eierdooiers, suiker en vanille tot ze lichtgeel zijn, ongeveer 5 minuten. Klop de bloem erdoor. Voeg beetje bij beetje de hete melk toe, onder voortdurend roeren. Breng het mengsel over in de pan en kook op middelhoog vuur, onder voortdurend roeren, tot het kookt. Zet het vuur lager en kook gedurende 1 minuut. Schraap het mengsel in een kom. Meng de likeur. Leg een stuk plastic folie direct op het oppervlak van de custard om korstvorming te voorkomen. Zet een nacht in de koelkast gedurende maximaal 1 uur.

3. Plaats het rooster in het midden van de oven. Verwarm de oven voor op 350 ° F. Vet een ronde cakevorm van 9 × 2 inch in.

4. Bereid het deeg voor: Meng in een grote kom de bloem, suiker, bakpoeder en zout. Snijd met een deegblender de boter tot het mengsel op grove kruimels lijkt. Voeg het ei en de vanille toe en meng tot het een deeg vormt. Verdeel het deeg doormidden.

5. Verdeel de helft van het deeg gelijkmatig over de bodem van de voorbereide bakplaat. Druk het deeg in de bodem van de pan en 1/2 inch omhoog vanaf de zijkanten. Verspreid de gekoelde custard in het midden van het deeg en laat een rand van 2,5 cm rond de rand over.

6. Rol op een licht met bloem bestoven oppervlak het resterende deeg uit tot een cirkel van 91/2-inch. Leg het deeg op de vulling. Druk de randen van het deeg tegen elkaar om te verzegelen. Smeer de eidooier op de taart. Bestrooi met pijnboompitten. Maak met een klein mes een paar inkepingen in de bovenkant zodat de stoom kan ontsnappen.

7. Bak gedurende 35 tot 40 minuten of tot de bovenkant goudbruin is. Laat 10 minuten afkoelen in de vorm op een rooster.

8. Keer de cake om op een rek en keer hem vervolgens om op een ander rek om volledig af te koelen. Bestrooi voor het serveren met poedersuiker. Serveer onmiddellijk of wikkel de cake in plasticfolie en zet hem maximaal 8 uur in de koelkast. Wikkel in en bewaar in de koelkast.

Abrikozen Amandelcake

Torta di Albicocche en Mandorle

Maakt 8 porties

Abrikoos en amandel zijn zeer compatibele smaken. Als je geen verse abrikozen kunt vinden, vervang dan perziken of nectarines.

Ornament

²/3 kopjes suiker

een/4 glazen water

12 tot 14 abrikozen of 6 tot 8 perziken, gehalveerd, ontpit en in plakjes van 1/4 inch dik gesneden

Taart

1 kopje bloem voor alle doeleinden

1 theelepel bakpoeder

een/2 theelepels zout

een/2 kopjes amandelboter

2 eetlepels ongezouten boter

²/3 kopjes suiker

een/2 theelepels puur vanille-extract

2 grote eieren

²/3 kopjes melk

een. Bereid de saus: Doe de suiker en het water in een kleine, zware steelpan. Kook op middelhoog vuur, af en toe roerend, tot de suiker volledig is opgelost, ongeveer 3 minuten. Wanneer het mengsel begint te koken, stop dan met roeren en kook tot de siroop aan de randen bruin begint te worden. Schud de pan vervolgens nog ongeveer 2 minuten zachtjes, totdat de siroop goudbruin is.

2. Bescherm uw handen met het handvat van een steelpan en giet de karamel onmiddellijk in een ronde cakevorm van 9 × 2 inch. Kantel de pan om de bodem gelijkmatig te bedekken. Laat de karamel afkoelen tot hij stevig is, ongeveer 5 minuten.

3. Plaats het ovenrooster in het midden van de oven. Verwarm de oven voor op 350 ° F. Schik het gesneden fruit in cirkels op de karamel, enigszins overlappend.

4. Combineer de bloem, bakpoeder en zout in een fijnmazige zeef op een stuk vetvrij papier. Zeef droge ingrediënten op papier.

5. Klop in de kom van een grote elektrische mixer de amandelboter, boter, suiker en vanille luchtig, ongeveer 4 minuten. Klop de eieren één voor één los en schraap daarbij de rand van de kom. Blijf ongeveer 4 minuten kloppen tot het glad en goed gemengd is.

6. Meng met de mixer op lage snelheid 1/3 van het bloemmengsel. Voeg 1/3 van de melk toe. Voeg het resterende bloemmengsel toe en melk nog twee keer op dezelfde manier, eindig met bloem. Mix gewoon tot een gladde massa.

7. Giet het beslag over het fruit. Bak gedurende 40 tot 45 minuten of tot de cake goudbruin is en een in het midden gestoken tandenstoker er schoon uitkomt.

8. Laat de cake 10 minuten afkoelen in de vorm op het rooster. Ga met een dunne metalen spatel langs de binnenkant van de pan. Keer de cake om op een serveerschaal (het fruit zal bovenop liggen) en laat volledig afkoelen voor het opdienen. Serveer onmiddellijk of dek af met een omgekeerde kom en bewaar bij kamertemperatuur gedurende maximaal 24 uur.

Zomerse fruittaart

Torta dell'Estate

Maakt 8 porties

Pitvruchten zoals pruimen, abrikozen, perziken en nectarines zijn ideaal voor deze taart. Probeer het eens te maken met fruitmix.

12 tot 16 pruimen pruimen of abrikozen of 6 middelgrote perziken of nectarines, gehalveerd, ontpit en in plakjes van 1/2 inch gesneden

1 kopje bloem voor alle doeleinden

1 theelepel bakpoeder

een/2 theelepels zout

een/2 kopjes (1 stokje) ongezouten boter, op kamertemperatuur

2/3 kopjes plus 2 eetlepels suiker

1 groot ei

1 theelepel geraspte citroenschil

1 theelepel puur vanille-extract

zoetwaren suiker

een. Plaats het rooster in het midden van de oven. Verwarm de oven voor op 350 ° F. Vet een 9-inch springvorm in.

2. Meng in een grote kom de bloem, bakpoeder en zout.

3. Klop in een andere grote kom boter met 2/3 kopjes suiker tot licht en luchtig, ongeveer 3 minuten. Klop de eieren, citroenrasp en vanille glad. Voeg droge ingrediënten toe en roer tot ze gemengd zijn, nog ongeveer 1 minuut.

4. Schraap het deeg in de voorbereide pan. Schik de vruchten in concentrische cirkels, enigszins overlappend. Bestrooi met de resterende 2 eetlepels suiker.

5. Bak gedurende 45 tot 50 minuten, of tot de cake goudbruin is en een in het midden gestoken tandenstoker er schoon uitkomt.

6. Laat de cake 10 minuten afkoelen in de bakplaat op een rooster en verwijder dan de rand van de vorm. Laat de cake helemaal afkoelen. Bestrooi voor het serveren met poedersuiker. Serveer onmiddellijk of dek af met een omgekeerde kom en bewaar bij kamertemperatuur gedurende maximaal 24 uur.

Herfst Fruittaart

Torta del Autunno

Maakt 8 porties

Appels, peren, vijgen of pruimen passen goed in deze eenvoudige cake. Het deeg vormt een toplaag die het fruit niet volledig bedekt en waardoor het van het oppervlak van de cake kan gluren. Ik serveer het graag een beetje warm.

1 1/2 kopjes bloem voor alle doeleinden

1 theelepel bakpoeder

een/2 theelepels zout

2 grote eieren

1 glas suiker

1 theelepel puur vanille-extract

4 eetlepels ongezouten boter, gesmolten en afgekoeld

2 middelgrote appels of peren, geschild, klokhuis verwijderd en in dunne plakjes gesneden

zoetwaren suiker

een. Plaats het rooster in het midden van de oven. Verwarm de oven voor op 350 ° F. Vet en bloem een springvorm van 9 inch in. Klop het overtollige meel eruit.

2. Meng bloem, bakpoeder en zout in een kom.

3. Klop in een grote kom de eieren met de suiker en vanille tot ze gemengd zijn, ongeveer 2 minuten. Klop met boter. Roer het bloemmengsel tot het net gemengd is, nog ongeveer 1 minuut.

4. Verdeel de helft van het deeg in de voorbereide pan. Bedek met fruit. Lepel over de resterende vijzel. Verdeel het deeg gelijkmatig over de vruchten. De laag zal dun zijn. Maak je geen zorgen als het fruit niet helemaal bedekt is.

5. Bak gedurende 30 tot 35 minuten of tot de cake goudbruin is en een in het midden gestoken tandenstoker er schoon uitkomt.

6. Laat de cake 10 minuten afkoelen in de vorm op een rooster. Verwijder de rand van de pan. Laat de cake helemaal afkoelen op het rooster. Serveer warm of op kamertemperatuur met een snufje poedersuiker. Bewaar afgedekt in een grote omgekeerde kom op kamertemperatuur gedurende maximaal 24 uur.

Polenta en Perencake

Dolce di polenta

Maakt 8 porties

Geel maïsmeel voegt een mooie textuur en warme gouden tint toe aan deze rustieke cake uit Veneto.

1 kopje bloem voor alle doeleinden

een/3 kopjes fijngemalen gele maïsmeel

1 theelepel bakpoeder

een/2 theelepels zout

¾ kopjes (1½ stokjes) ongezouten boter, verzacht

¾ kopjes plus 2 eetlepels suiker

1 theelepel puur vanille-extract

een/2 theelepels geraspte citroenschil

2 grote eieren

een/3 kopjes melk

1 grote rijpe peer, klokhuis verwijderd en in dunne plakjes gesneden

een. Plaats een rek in het midden van de oven. Verwarm de oven voor op 350 ° F. Vet en bloem een 9-inch springvorm in. Klop het overtollige meel eruit.

2. Zeef de bloem, maïsmeel, bakpoeder en zout in een grote kom.

3. Klop de boter in een grote kom met een elektrische mixer en voeg geleidelijk 3/4 kop suiker toe tot het licht en luchtig is, ongeveer 3 minuten. Klop vanille en citroenschil erdoor. Klop de eieren één voor één los en schraap daarbij de zijkanten van de kom. Meng op lage snelheid de helft van de droge ingrediënten. Voeg de melk toe. Meng de resterende droge ingrediënten tot een gladde massa, ongeveer 1 minuut.

4. Spreid het deeg uit in de voorbereide pan. Schik de plakjes peer zo dat ze elkaar iets overlappen. Bestrooi de peer met de resterende 2 eetlepels suiker.

5. Bak gedurende 45 minuten of tot de cake goudbruin is en een in het midden gestoken tandenstoker er schoon uitkomt.

6. Koel de cake in de vorm op een rooster gedurende 10 minuten. Verwijder de rand van de vorm en laat de cake volledig afkoelen op het rooster. Serveer onmiddellijk of dek af met een grote

omgekeerde kom en bewaar bij kamertemperatuur gedurende maximaal 24 uur.

www.ingramcontent.com/pod-product-compliance
Lightning Source LLC
Chambersburg PA
CBHW070055110526
44587CB00013BB/1622